¡Buen duelo!

¡Buen duelo!

CÓMO SOBRELLEVAR LAS PÉRDIDAS DIARIAS CON LA AYUDA DEL MÁS ALLÁ

THERESA CAPUTO

CON LA COLABORACIÓN
DE KRISTINA GRISH

HarperCollins *Español*

Los libros de HarperCollins Español pueden ser adquiridos para propósitos educativos, empresariales o promocionales. Para más información, envíe un correo electrónico a SPsales@harpercollins.com.

Título original: *Good Mourning*

Publicado en inglés por HarperOne en 2020

PRIMERA EDICIÓN DE HARPERCOLLINS ESPAÑOL

Copyright de la traducción de HarperCollins Publishers

Traducción: Patricia Lluberas Rubio

Este libro ha sido debidamente catalogado en la Biblioteca del Congreso de los Estados Unidos.

ISBN 978-0-06-307973-1

21 22 23 24 25   LSC   10 9 8 7 6 5 4 3 2 1

En los últimos años he pasado por mi buena dosis de pérdidas diarias. Por eso, quiero dedicar este libro a las personas que me han apoyado desde el principio: a mis padres, Ronnie y Nick; a mis hijos, Larry y Victoria; a mi hermano, Michael; y a mi prima, Lisa. También quiero darle las gracias al equipo que hace posible que pueda ayudar a otras personas en su día a día: Courtney Mullin, Victoria Woods, Jeff Cohen, Magilla Entertainment, TLC, Rich Super y Mills Entertainment. Y por supuesto, este libro también va dedicado a mis clientes, quienes no han dudado en confiar en mi don.

Por último, se lo dedico a Dios y los Espíritus, sin quienes no estaría donde estoy hoy.

Contenido

¿CUÁNTAS PÉRDIDAS SUFRES A DIARIO?

Llevo toda la vida comunicándome con las almas del Más Allá; para ser más exacta, desde que tenía cuatro años. Pero fue ya bien entrada en los veinte cuando empecé a comunicarme con mis propios seres queridos y los de otras personas ya fallecidos gracias a una clase de concienciación espiritual. Fue entonces cuando pude experimentar en primera persona lo mucho que cuesta sanar si estás en este lado del plano espiritual. Y así fue como empecé a usar mi don para asistir a otras personas; para ayudarlas a procesar el duelo por alguien querido que abandona este mundo. Llevo unos veinte años siendo médium y me dedico a comunicarme con esas almas celestiales a diario; ángeles, guías y fallecidos a los que he bautizado como «Espíritus». Todos los días, y a todas horas, me envían mensajes que bien podrían considerarse como un bien supremo. Esos seres espirituales nos aman, guían y protegen de lo que hay en el Más Allá. Me han enseñado todo lo que sé, no sólo sobre la vida después de la muerte, sino también sobre ésta que aún experimentamos, tan bella como compleja.

Lo más interesante que estas voces del Más Allá me cuentan es que la muerte no es el único tipo de pérdida al que se enfrentan nuestras almas. De hecho, el tiempo que vivimos en este plano terrenal implica no sólo afrontar la muerte de un ser querido, sino también, y más a menudo y de manera más profunda, reflexionar sobre las pérdidas a las que nos enfrentamos a diario; ésas que nos cuesta valorar y reconocer, pero que nos pueden llegar a paralizar, deprimir, sumir en un estado de *shock* o de ansiedad y experimentar muchas otras formas de duelo. Estas pérdidas diarias incluyen perder nuestra casa, pasar por un divorcio, tener problemas de salud o perder la ilusión y renunciar a nuestros sueños; perder nuestra juventud, la confianza en nosotros mismos o en otras personas, perder el control; perder nuestra identidad, nuestra estabilidad económica o nuestra independencia; perder nuestra fe, nuestra ambición o nuestra confianza propia, entre otras.

PÉRDIDAS DIARIAS: LO BÁSICO

Todos experimentamos pérdidas diarias, a menudo más de una y con regularidad. Estas pérdidas pueden ser de mayor o menor importancia. A veces, las vemos venir; otras nos estallan en la cara de forma repentina y nos aturden. Con ellas nos hundimos o nos hacemos más fuertes. Por desgracia (y por suerte), las pérdidas diarias forman parte de este mundo terrenal y de las decisiones que tomamos, a veces por voluntad propia y otras guiadas por el destino, y nos afectan a nosotros y a los que nos rodean. Las pérdidas diarias son obstáculos en el camino que nos toca anticipar y procesar, pues habrá más a la vuelta de la esquina.

Los Espíritus quieren que estemos preparados para afrontar las pérdidas, porque cuanta más experiencia tengamos lidiando con ellas, menos nos afectarán las siguientes. No digo que cueste menos procesar el duelo que implican, pero al menos estaremos más preparados cuando lleguen. Te resultará más fácil reconocer esa nueva pérdida diaria y saber cómo actuar para poder recuperarte más rápidamente.

Saber identificar esas pérdidas y sanar bien es vital, pues el daño emocional puede ser muy profundo si no las gestionamos y procesamos correctamente; las pérdidas se van acumulando y nos hacen sentir peor con el tiempo. Todos experimentamos pérdidas diarias —seguro que cualquiera que esté leyendo este libro se siente identificado— y, aunque algunos las vivimos con más intensidad que otros, todas las sentimos de forma diferente, según nuestra personalidad y lo que hayamos vivido en el pasado. Ahora bien, todas esas pérdidas tienen algo en común: el duelo no se puede ignorar; todos tenemos que lidiar con él.

Lo cierto es que sí tenemos cierto control sobre nuestras pérdidas diarias. Mientras lloramos por lo que ya no está, nuestra vida puede cambiar para bien y para mal. Espero sinceramente que este libro, combinado con la ayuda de los Espíritus, te ayude a encontrar una forma positiva de pasar el duelo, y cambie tu vida para mejor cada vez que te enfrentes a una pérdida diaria. En el siguiente capítulo, los Espíritus y yo abordaremos el tema de las pérdidas diarias con más detalle para ayudarte a entender en qué consisten y cómo afectan al cuerpo, la mente y el alma. Por ahora, basta con que sepas que son obstáculos emocionales y que pueden convertirse en lecciones de vida.

LOS ESPÍRITUS, LOS EDITORES MÁS RIGUROSOS

Cuando escribo un libro, sigo la línea editorial de los Espíritus al pie de la letra... ¡y menos mal, porque siempre aciertan! Mis guías espirituales me empujaron por primera vez a tratar el tema de las pérdidas diarias cuando, al leer las cartas a mis clientes, empecé a notar que les costaba más recuperarse de la pérdida de un ser querido si no habían afrontado antes otras pérdidas más cotidianas. Fue entonces cuando los Espíritus me mostraron que esas mismas pérdidas a menudo podían sentirse tan traumatizantes a nivel emocional como la pérdida de un ser querido, y consideraron que el tema merecía un libro enteramente dedicado a cómo transitar estos temas. Pues bien: *voilà*. He aquí el libro guiado por fuerzas divinas.

Los Espíritus quieren que tengas presente un par de cosas a medida que vayas leyendo este libro. En primer lugar, que los temas que se tratan en cada capítulo son los que suelen surgir con más frecuencia en las sesiones relacionadas con el duelo. Así es: los Espíritus también se han encargado de establecer el orden de los capítulos, que se distribuyen de forma intuitiva, pero te invito a que sigas tu propio orden y te dejes llevar por los temas con los que más identificado te sientas. Los Espíritus también nos han guiado a mí y a mi colaboradora a través de las distintas historias contadas aquí, y algunas albergan curiosas coincidencias. Notarás que algunos nombres se repiten y que, a veces, los capítulos presentan temáticas. En el capítulo 9 sobre perder tu casa, por ejemplo, los Espíritus han incluido dos historias sobre incendios: uno accidental y otro originado por un desastre natural. El capítulo 19, que trata sobre la pérdida de una parte del cuerpo, se

centra muy especialmente en la salud femenina y las enfermedades que sufren las mujeres. Me he dado cuenta de que estas
coincidencias son obras de los Espíritus, que quieren usarlas para
que prestemos atención a una advertencia o un tema concreto. En
esos casos, las historias tratan temas importantes para cada uno
de nosotros. Al final de cada capítulo hay un ejercicio —o «¡Buen
duelo!»— que los Espíritus consideran que te puede ayudar a
superar ese tema en particular del capítulo, y también encontra-
rás afirmaciones que he plasmado en el libro gracias a ellos.

Déjate guiar por este libro al hacer frente a tus pérdidas diarias y superarlas. Marca tus páginas favoritas, reflexiona sobre ellas
en un cuaderno y aprovecha bien los ejercicios. Subraya las partes
que más llamen tu atención y préstale el libro a un amigo cuando
acabes de leerlo. Quiero que tu alma interiorice todo su contenido;
quiero que te ayude a reconocer y a sentir las emociones, a actuar
y, finalmente, a sanar. Juntos, conseguiremos encontrar la paz y
comprensión que necesitas. Tanto los Espíritus como yo deseamos
que este libro te resulte tan útil como a mí me resultó fascinante
canalizar su contenido y escribirlo. Disfrútalo.

Mientras escribo estas líneas, nuestro mundo se enfrenta a
una crisis sanitaria mundial y a una pandemia por coronavirus
nunca antes vivida. Para protegernos y proteger a nuestras familias y comunidades hemos tenido que reinventar nuestras rutinas,
desde nuestra forma de hacer la compra hasta cómo (y cuánto)
relacionarnos con los demás. Si bien todas esas precauciones son
más que necesarias, también han abierto la puerta a un sinfín de
pérdidas diarias e inesperadas que nos afectan a todos por igual.
De hecho, este libro parece caído del cielo, pues trata práctica-
mente todos los temas que nos han afectado tanto a mí, a mis

amigos y a mi familia como a mis clientes y a todas esas personas a las que les he leído las cartas alguna vez o que veo a diario en las noticias. Está claro que la pandemia ha tenido un impacto significativo en nuestra mente, nuestro cuerpo y nuestro estado de ánimo (entre otros), pero los Espíritus nos piden que seamos fuertes y que, además, respetemos, amemos y honremos a los demás —al tiempo que nos sacudimos el miedo y abrazamos la fe— hasta que logremos superar esta situación.

Aunque no sabía que íbamos a vivir una pandemia cuando escribí *¡Buen duelo!* (de hecho, ya en 2018 Dios y los Espíritus me empujaron a escribir sobre las pérdidas diarias), este libro no puede ser más oportuno para todos a los que nos está costando superar un duelo inesperado, mitigar nuestra ansiedad y encontrar nuestro remanso de paz y felicidad en un mundo que ahora está patas arriba.

1

UNA PÉRDIDA IMPLICA PERDER ALGO

Solemos asociar el duelo con la pérdida de un ser querido, pero la realidad es que podemos lamentarnos por la pérdida de todo lo que una vez amamos y atesoramos. Siempre lloramos por algo que fue y ya no está.

Es cierto que el duelo se hace mucho más patente cuando perdemos a alguien. Nos invade de tal forma que lo reconocemos al momento y sabemos ponerle nombre. Reconocemos la muerte como una pérdida, honramos y despedimos al fallecido y nos apoyamos en la ayuda tradicional para superar esa experiencia tan dolorosa. Las pérdidas diarias, en cambio, solemos pensar que son una cuestión de mala suerte o fruto de un desafortunado giro de los acontecimientos; rara vez creemos estar atravesando un auténtico duelo. Sin embargo, estas pérdidas pueden causar un profundo daño emocional, y los Espíritus afirman que uno de los motivos principales es precisamente que nos cuesta entender que otro acontecimiento —como un divorcio o perder un trabajo o una casa— pueda causarnos tanto dolor.

Como no identificamos nuestros instintos más profundos,

tampoco sabemos cómo procesarlos. Por eso, lo que creemos una pequeña depresión pasajera o incluso un ataque de pánico repentino puede ser en realidad un duelo intenso y muy sentido. Es entonces cuando ese dolor crea un efecto dominó y acumulamos un sinfín de emociones negativas y confusas. Lo que inicialmente se manifiesta como una depresión o un ataque de pánico puede acabar convirtiéndose en un cúmulo de ira o culpa; de reproches hacia nosotros mismos; de soledad, conmoción, incredulidad, confusión, aislamiento social, desasosiego, pensamientos obsesivos, dificultad para dormir o comer... y así sucesivamente. Antes de que nos demos cuenta, nuestras propias emociones han tomado las riendas.

Los Espíritus dicen que una de las razones por las que las pérdidas diarias pueden ser tan traumáticas es porque con muchas de ellas experimentamos muchas emociones al unísono que no conseguimos digerir. Procesar la pérdida de una función corporal a raíz de un accidente o por una enfermedad crónica puede llevarnos a un duelo por la pérdida de nuestra vida anterior o de nuestros sueños para el futuro; de la sensación de control o apoyo o la comodidad; de lo que nos resulta familiar, la estabilidad económica y hasta la fe en Dios. Las pérdidas diarias nos van carcomiendo por dentro con rapidez, pero sin darnos cuenta. Por eso, los Espíritus creen que ya es hora de que prestemos atención a las pérdidas diarias más comunes y que aprendamos a superarlas.

PON NOMBRE A TUS EMOCIONES

Cuando hago sesiones de clarividencia para mis clientes que están de luto por una pérdida diaria, me doy cuenta de que la práctica no hace más que corroborar lo observado por los psicólogos en el plano terrenal: que las pérdidas se manifiestan de forma física (dolores de cabeza, insomnio y falta de apetito), emocional (tristeza, depresión, culpabilidad), cognitiva (pensamientos obsesivos, incapacidad para concentrarse), conductual (llanto, evitar a otras personas) y espiritual (buscar un significado a través de Dios o perder la fe en Él). Lo bueno es que, una vez que le ponemos nombre a esos sentimientos, nos hacemos conscientes de esas pérdidas y gestionamos la forma de pasar el duelo; es entonces cuando somos capaces de procesar el dolor y comenzar a sanar. Llorar por ese tipo de pérdidas difíciles es de vital importancia para poder empezar de cero o vivir una nueva normalidad. Si no procesamos estas pérdidas, acabaremos distorsionando negativamente nuestra propia imagen y el lugar que ocupamos en el mundo en un espejo de luto eterno y sentimientos enquistados, minando así nuestra autoestima.

Los Espíritus dicen que el luto es nuestra forma natural de reaccionar cuando perdemos algo; surge cuando sentimos que algo se acaba o se transforma. Tiene sentido, pues, pensar que una pérdida diaria se parece mucho a la muerte. Al fin y al cabo, en ambas se pierde algo, ya sea una persona que fallece y que echamos de menos o ese colgante que heredamos de nuestra abuela. El caso es que esa persona o ese algo ya no están en nuestra vida y lo echamos de menos. Lloramos su pérdida porque queremos recuperarlo. Al igual que ocurre con la muerte, cada persona también procesa las pérdidas a su ritmo y en sus propios términos. Se dice que sentimos todas nuestras pérdidas en lo más profundo de nuestro ser, sean cuales sean, y que por eso todas son igualmente importantes. No puedo estar más de acuerdo. Estamos en todo nuestro derecho de sentirnos así.

Los Espíritus también explican que no puedes comparar tus propias pérdidas y tu forma de procesarlas con las de otra persona, pues cada uno vive el duelo de forma distinta. Es como si comparáramos lo que sienten unos padres tras perder a un hijo con el dolor de una mujer cuando fallece su marido. O el grado de tristeza de alguien al perder su casa por un desastre natural con lo que se siente al perder la sensación de seguridad tras sufrir un trauma. Los pensamientos comparativos menoscaban nuestras vivencias y las de los demás y nos impiden afrontar el duelo correctamente. Comparar tu pérdida con la de otros no te hará sentir mejor ni demostrará que la tuya es más importante que la de los demás. Además, no es el momento para competir con el prójimo y su dolor.

Lo que sí podría ayudarte a comprender y validar mejor tus sentimientos es saber que, cuanto más te identificas con la pérdida, más intenso es el duelo. Eso puede ayudarte a darle cierta lógica a tus emociones para poder gestionarlas. ¿Hasta qué punto sientes que tus emociones y tu identidad están vinculadas al colgante que perdiste? ¿O a la pareja de la que te estás divorciando? ¿Y a la carrera profesional a la que renunciaste? ¿Y a las inversiones de dinero que cayeron en saco roto? Esas preguntas te ayudarán a dar forma y sentido a tu dolor.

Los Espíritus sugieren buscar consuelo en la idea de que todos experimentamos pérdidas diarias de forma habitual. Nos pasa a todos. Si normalizáramos el proceso del duelo como una parte más de vivir en este mundo, y no tanto como una serie de acontecimientos trágicos que sólo se dan una vez en la vida, estaríamos mejor preparados para afrontar las pérdidas diarias según nos ocurren. Si lo piensas bien, seguro que pierdes cosas que amas a menudo: discusiones, tiempo libre, las flores de un jardín o las hojas de los árboles al cambiar de estación. La vida es una transición constante y nuestras almas crecen tanto con la alegría como con el dolor; es un proceso que nos pide que sigamos avanzando, un solo paso a la vez.

RADIOGRAFÍA DEL DUELO

El proceso de duelo para las pérdidas cotidianas es similar al de la muerte. Pasarás por las cinco etapas clásicas de negación, ira, negociación, depresión y aceptación, pero siguiendo tu propio orden. Puede que te saltes alguno de estos pasos o que te detengas en unos más que en otros. Además, el proceso de duelo puede durar años. Aunque en parte aprendas a dejar ir, también puede que no dejes de llorar o sentir una pequeña punzada de tristeza en tu corazón y tu alma cuando eches algo de menos. En ambos casos, tienes que aceptar la pérdida y aprender a seguir adelante lo mejor que puedas.

Lo más importante para pasar un duelo de forma sana es mantener la esperanza, buscar apoyo en otros y crear una serie de rutinas de duelo específicas para las pérdidas diarias. Los Espíritus recomiendan que te unas a un grupo de apoyo que no sea prejuicioso, que acudas a un psicólogo y que compartas lo que sientes con unos pocos amigos que sepan escuchar. Es importante que intentes crear una nueva normalidad y te rodees de personas que hayan sufrido pérdidas similares o que puedan ayudarte a comprender las tuyas. Explora las distintas maneras de pasar un duelo y expresar tus emociones, como escribir un diario para plasmar tus sentimientos y elecciones o realizar actividades para canalizar el dolor, incluso si las haces en solitario. Un buen paseo o un té reconfortante por las tardes puede ayudarte a calmar esas emociones. Aprender a decir que no, regalarte una sesión de peluquería o ir a hacerte un tratamiento facial, darte un buen baño o un masaje relajante son estrategias diarias que pueden ayudarte a hacer frente al duro golpe de esa pérdida. Montar un altar en tu casa con fotos, cristales, figuras y otros talismanes que te hagan feliz también puede aliviar tu dolor. Un difusor con aceites esenciales y una aplicación de meditación también pueden levantarte el ánimo y estimular los sentidos cuando estás pasando por esa etapa tortuosa de dolor.

Las pérdidas diarias nos desgastan física, emocional y espiritualmente, por lo que es sumamente importante que seas benévolo contigo mismo durante ese duro proceso. La meta es que vuelvas a crecer como persona y encuentres tu lugar en el mundo; marcarte y alcanzar nuevos objetivos; sentir la felicidad de nuevo y poder decir pronto que has sobrevivido a lo peor y que te sientes pleno en tu nueva realidad. Hasta entonces, basta con que recobres tus fuerzas poco a poco y que cada día te vayas encontrando un poco mejor.

Poco importa el camino que elijas para sobrellevarlo; lo importante es que superes tus pérdidas diarias para aliviar tu alma y convertir tus emociones en una experiencia positiva, pues eso te permitirá disfrutar de la mejor calidad de vida posible. Esto también es importante porque, cuando un ser querido fallece, necesitas que tu alma esté lo más libre posible de otras cargas para poder llorar esa pérdida. A menudo, las almas de nuestros difuntos dicen que, para poder procesar su muerte, primero tenemos que gestionar otras pérdidas pendientes. Si te quedas sin trabajo y tu padre fallece después, pero nunca procesaste la primera pérdida, te será mucho más difícil gestionar la partida de ese ser querido. Los Espíritus quieren que evites la acumulación emocional que te impide sanar bien.

CUANDO EL CIELO TE MANDA UNA SEÑAL

Cuando mis clientes están de duelo por una pérdida cotidiana, noto que su ánimo mejora gracias al apoyo de los Espíritus, quienes envían señales increíbles y les hablan a través de sueños asombrosos, o a través de sus creencias, su fe, entre otras cosas. Nuestros ángeles —las almas de los seres queridos que han fallecido— y nuestros guías espirituales ponen en nuestro camino señales, personas y oportunidades útiles y reconfortantes para que escojamos mejor y tomemos mejores decisiones. Al aceptar e integrar estas intervenciones, logramos crecer, vivir y aprender. Lo malo es que, si estás demasiado abrumado por el dolor, puede que no estés receptivo a las señales y a la orientación que Dios y el universo te están ofreciendo. Puede que no las veas o que incluso te desanimen. También es muy fácil acabar consumido por el dolor hasta tal punto que los Espíritus no puedan llegar hasta ti y hacerte consciente de una señal o comunicarse contigo a través de los sueños.

Mantra: «Estoy experimentando una pérdida diaria, pero aprendo y crezco con ella».

Lo único que quieren los Espíritus es que sepas que te aman, protegen y guían desde el otro lado, y que harán todo lo posible para conseguir tu atención y darte la seguridad que tanto necesitas. En mi caso, suelo interpretar el olor a tabaco como una señal de que mi querida abuela paterna Nanny está saludándome, y cuando me encuentro con una moneda de diez centavos en el suelo o en el bolsillo, sé que Gram, mi abuela materna, está conmigo. Lo más loco de todo esto es que si nos perdemos las señales tan obvias que nos envían los Espíritus, como los pájaros, las mariposas o ciertas matrículas de coche, puede que decidan canalizar su mensaje a través de otra persona para que nos llegue alto y claro.

Nunca olvidaré lo mal que lo pasé en una época al no poder cenar con mi familia los domingos, y todo porque estaba demasiado ocupada con mis horarios imposibles. Andaba de un lado para otro como una loca echando de menos pasar tiempo con ellos. Saltarme esos encuentros me costaba mi paz y tranquilidad, y no dejaba de llorar lo mucho que me hacían falta. Y justo cuando estaba a punto de romperme del todo, mi prima Lisa me llamó para decirme que había visto una mosca enorme, un símbolo que Nanny Brigandi siempre me envía cuando necesito un empujoncito. En cuanto me di cuenta de que era una señal que ella me enviaba, sentí en mi interior que me estaba diciendo que bajara el ritmo y me tomara un respiro, porque me estaba perdiendo lo realmente importante.

Es difícil ver las señales cuando estamos tan agobiados. Al fin y al cabo, esa guía siempre está ahí esperando a que le prestemos atención. Por eso, de nosotros depende abrir las orejas y escuchar los mensajes que nos manda el universo para hacernos más conscientes de los símbolos y señales que nos rodean, e integrarlos en nuestra vida.

Los sueños son otra señal que los Espíritus nos envían cuando necesitamos algo que nos reconforte emocionalmente mientras lloramos por las pérdidas diarias. Con ellos, quieren asegurarnos de que estaremos bien y nos piden que dejemos a un lado los miedos y remordimientos que tanto nos estresan. Nos animan a seguir adelante con la certeza de que, pase lo que pase, todo lo que estamos viviendo tiene un sentido. Tras la muerte de la abuela Gram, lloré la pérdida de su casa. Esa casa guardaba tantos recuerdos especiales para mí que me costaba pensar que otra familia pudiera disfrutarla como nosotros. Una noche soñé que la abuela estaba sentada en la mesa de la cocina, llorando, y cuando le pregunté por qué estaba tan disgustada, me dijo que lloraba de felicidad: «Me hace tanta ilusión que hayas venido a desayunar», me dijo su alma, «porque tengo que decirte que es el momento de dejar esta casa. Y no pasa nada». Entonces, me desperté. Más tarde, ese mismo día, llamé a mi madre para contarle el sueño. ¿Y sabes lo que me dijo?: «Hoy vendimos la casa de la abuela». ¿Pero cómo es posible? Lo más increíble de todo es que era la primera vez que soñaba con el alma de un ser querido, y el sueño me confirmó que era el momento de dejar ir esa casa, así como la pena que sentía al venderla.

Por último, desde una perspectiva espiritual, una de las razones más importantes por la que los Espíritus quieren que pases el duelo de tus pérdidas diarias es para que saques un aprendizaje de todas ellas. Todos y cada uno de nosotros tenemos lecciones espirituales que aprender, las cuales contribuirán al crecimiento de nuestra alma para la eternidad según nuestras elecciones. Esas lecciones aprendidas también determinarán el lugar que ocupará tu alma en el Más Allá (conocido como un «nivel») después de morir y te hacen sentir completo mientras aún estás en la Tierra. Los Espíritus insisten en que estamos en este mundo físico para aprender lecciones de diferentes maneras: tu vida tiene un propósito y todo sucede por una razón. Por eso, tu forma de reaccionar a tus pérdidas diarias influye en las lecciones que aprendes sobre la compasión, la bondad, la paciencia y otros valores que Dios considera importantes.

Ahora bien, cuando menciono a «Dios», me refiero a una energía omnisciente que también recibe muchos otros nombres (el «Universo», «Alá», el «Origen», por mencionar algunos), según la preferencia o las creencias de cada persona. Me refiero a esta hermosa y poderosa entidad como Dios porque soy católica y utilizo el pronombre «Él» para referirme a Dios, pero puedes llamar a Dios por el nombre que más significado tenga para ti. También es importante que sepas que, cuanto más rápido aprendas las lecciones que Dios te manda, antes comprenderás cómo funciona tu propia alma y más confiarás en tu intuición y en la orientación diaria que Él te ofrece.

¿Estás preparado para entender y trabajar en tus pérdidas diarias? La etapa del duelo nunca es fácil, pero los Espíritus te ayudarán a sanar tu alma.

¡Buen duelo!

Ahora que entiendes lo que es una pérdida cotidiana, piensa en las veces que has sufrido recientemente y en cómo has procesado o evitado el dolor sin ser verdaderamente consciente de lo que significa esa emoción. Después, cierra los ojos, escoge una pérdida diaria que aún tengas grabada y siéntate en silencio para prestar atención a las emociones que surgen cuando piensas en ella. ¿Qué sientes? ¿En qué parte de tu cuerpo notas la tristeza, la ira o la vulnerabilidad? Visualiza una bola de luz blanca: imagina que entra en tu cuerpo por la parte superior de la cabeza y úsala para limpiar todos los sentimientos negativos de esa pérdida. Imagina también que expulsa la oscuridad o los sentimientos negativos que retienes en tu cuerpo relacionados con el dolor. Hazlo durante cinco minutos o hasta que te sientas más tranquilo y liberado que cuando empezaste.

2

CUANDO PERDEMOS A UN AMIGO

Cuando la amistad con alguien a quien aprecias mucho se rompe, puedes llegar a sentirte como si te partieras en dos y el mundo se acabara, algo parecido a cuando fallece un ser querido. A lo mejor la amistad se ha enfriado porque te mudaste, o porque han discutido o sus intereses ya no son los mismos, o bien porque se encuentran en distintas etapas de la vida o sienten que sus prioridades han cambiado y sus caminos se alejan. ¿Te suena algo de eso? Sea cual sea la causa, esta pérdida nos afecta en el plano físico, emocional y espiritual.

Perder a un amigo puede ser muy doloroso, sobre todo cuando no sabes por qué se acabó la amistad. Cuando mi exmarido Larry y yo nos comprometimos, mi mejor amiga dejó de hablarme y hoy aún desconozco el motivo. No sé si dije o hice algo que le molestara, pero lamento lo que fuese que ocurriera y cómo pude hacerla sentir. Recuerdo que me enteré de que su marido había fallecido y años después me crucé con ella por casualidad. Pensé en ayudarla a conectar con el alma de su marido, pero llevaba poco usando mi don y aún no me sentía preparada para compartirlo con el mundo, así que no llegué a ofrecerme. Más tarde, me enteré de que su padre también había fallecido, y me imaginé lo destrozada que debía de estar al perder primero a su marido y después a su padre, al que estaba tan unida. Cuando me encontré con ella ese día, todavía parecía enfadada —conmigo o quizá con la vida, no lo sé—, pero no pude evitar pensar que, si nuestra relación fuera diferente, podría haberla consolado. Pero cada una siguió por su camino y no la he vuelto a ver. No saber el motivo de su enfado se me hizo casi tan duro como el hecho de que ya no formara parte de mi vida. Es una lástima, porque podríamos haber compartido las penas y alegrías de tener hijos, así como la pérdida de nuestros seres queridos. Podríamos habernos apoyado mutuamente, como hacen las amigas.

Un amigo puede llegar a ser tu alma gemela: un gemelo espiritual que vive contigo tus ilusiones, sueños y sufrimiento; una persona que conoce tus mayores secretos y con la que compartes bromas y recuerdos en un lenguaje que sólo tú y ella entienden. Los buenos amigos están ahí cuando más los necesitas y son quienes te «entienden» de verdad. Por eso cuesta tanto llenar ese vacío que dejan al marcharse.

MÁS GRIS QUE UN DÍA DE LLUVIA

Entonces, ¿por qué duele tanto perder a un buen amigo? Los Espíritus dicen que es porque esa persona es quien te ha visto en tus peores y mejores momentos. Un amigo de verdad te prepara una fiesta sorpresa cuando crees que nadie se ha acordado de esa fecha especial y te cuida al perro cuando nadie más puede hacerlo. Es amable con tus padres cuando los ve, pero luego te da la razón sobre las salidas disparatadas que tienen cuando se toma algo contigo. Un amigo te acompaña a una cena cuando tu pareja no se encuentra bien y acude a tu lado sin pensarlo cuando le cuentas que tu marido te ha pedido el divorcio; también guarda tus secretos y adivina lo que estás pensando. A veces, los mejores planes de viernes por la noche son los que pasas con ese amigo o esa amiga, piden comida china para llevar y hacen una maratón de *CSI*.

Por eso, cuando una amistad cambia o se acaba, sea cual sea la razón y sin importar quién dé el primer paso, los Espíritus saben que te puedes llegar a sentir abandonado o incluso traicionado. Has perdido a tu compañero de aventuras y a tu salvavidas, todo en uno. Porque con las relaciones sentimentales sabes que siempre existe la posibilidad de que no funcione, pero con una amistad bajas la guardia enseguida y esperas que te acepten sin condiciones, pase lo que pase. Cuando se acaba, también sientes que pierdes una parte de ti, porque tu identidad y la suya coincidían tanto que al final eran una.

Los Espíritus también dicen que perder un amigo afecta a todas las dimensiones de tu vida, y estoy totalmente de acuerdo. Tu círculo social se ve afectado, porque puede resultarte incómodo ir a ciertos lugares y ver a gente que tienen en común. La mera idea de encontrarte con un examigo puede generarte un problema de ansiedad o incluso una enfermedad relacionada con el estrés, como el síndrome del intestino irritable. También puedes llegar a deprimirte y aislarte de tus otros amigos, por lo que tus relaciones con los demás también podrían verse afectadas.

En definitiva: cuando perdemos a un amigo, una parte de nuestro corazón se va con él. Aun así, los Espíritus quieren que recordemos que no estamos solos en nuestro dolor. Lo bonito de las pérdidas diarias es que otras personas también pasan por situaciones similares que la vida en este plano físico nos pone delante. Cuando contengas las lágrimas en un centro comercial o en la fila del supermercado con la caja de los cereales en la mano porque no puedes dejar de pensar en ese amigo, piensa que los que te rodean también pueden estar sufriendo a su manera. A lo mejor echan de menos a una pareja que está en una zona de combate o quizá tengan problemas para pagar la hipoteca. Todos se enfrentan a pérdidas diarias y buscan vivir en paz, rodeados de amor y sin miedo, igual que tú; y también, como tú, hacen grandes esfuerzos por aguantarse las lágrimas hasta que llegan a casa.

TEN PACIENCIA CONTIGO MISMO

Si estás sufriendo la pérdida de un amigo, los Espíritus te aconsejan que te cuides mientras pasas por ese proceso. Tienes que aprender a dejar ir esa relación y vivir sin la persona que te importaba. Sobrevivir se convierte en una necesidad y tienes que pasar por ese dolor. Los Espíritus dicen que, si una emoción hiere tu alma, es porque no te aporta nada positivo; tienes que dejarla ir para poder sanar.

Cuando una amistad termina, uno de los factores que pueden impedir que sanes bien es culpar a la otra persona de la ruptura. La culpabilidad es una de las actitudes más dañinas que podemos adoptar, porque nuestras almas sólo pueden crecer gracias a la sinceridad y la responsabilidad. Si no pones en práctica estos valores mientras estás en este mundo, los Espíritus aseguran que acabarás experimentando y aprendiendo esta lección tan valiosa a través de otra persona una vez que estés en el otro lado. Asume tu parte de la responsabilidad en esa amistad perdida. Pregúntate qué podrías haber hecho de otra manera. Los Espíritus tienen claro que la culpa no es la solución y que sólo acabaremos dándole vueltas y más vueltas a algo que sólo está en nuestra mente, donde no podemos hablarlo con la persona ausente. Intenta hacerte consciente de lo que no has hecho bien en esa amistad; eso también te ayudará a cultivar relaciones más sanas en el futuro.

Mantra: «Agradezco lo aprendido de amistades pasadas para poder ser un mejor amigo en el futuro».

Cuando pierdes a un amigo, tienes que tener cuidado con los desencadenantes emocionales. Los Espíritus saben que puedes ponerte triste al pasar por un restaurante al que solían ir o cambiar de canal cuando ponen una película que les gustaba ver juntos. Al fin y al cabo, como has perdido una relación, el dolor puede parecerse en muchos sentidos al de una ruptura sentimental. Tendrás que encontrar actividades y eventos sociales que te distraigan. Los Espíritus te animan a que te apuntes a actividades en las que puedas entablar nuevas amistades y que hagas todo lo posible para cambiar ciertos hábitos. Yo dejé de fumar hace veintisiete años, pero todavía me apetece y lo echo de menos cuando estoy con más gente, ¡sobre todo si me estoy tomando mi adorado vodka cranberry! Se podría decir que echo de menos fumar como se echa de menos a un viejo amigo. Seguro que a ti te pasa algo parecido: ciertos entornos o situaciones te harán anhelar algo que ya no es tuyo o que ni siquiera es bueno para ti.

¿PUEDES RECONCILIARTE TRAS UNA RUPTURA?

Seguro que te preguntas si algunas amistades que se pierden se pueden recuperar. A veces, un reencuentro es posible, tanto en la otra vida como aquí, en la Tierra. Es posible que en el otro plano puedas hacer las paces con ciertas amistades. No es raro que cuando estoy ejerciendo de médium, un amigo fallecido de mi cliente se manifieste a través de mí y se disculpe por algo dañino que hizo o dijo. Por lo general, es una forma de conseguir la redención. Para ello, el alma necesita hacer un repaso de su propia vida y revivir ciertos momentos clave a través de los ojos de otra persona. De este modo, el alma crece y aprende lecciones de vida. En esos casos, las almas de los amigos a menudo dicen que lamentan haber decepcionado a una persona o no haber escuchado su versión de la historia, y siempre asumen la responsabilidad de sus acciones.

La forma más sana de gestionar esta pérdida es aprender de ella y no esperar a que tu alma tenga que hacerlo una vez que hayas fallecido. Mientras estás aquí, los Espíritus aconsejan que anotes tus experiencias en un diario. Cuando lo hago, soy consciente del efecto de mis palabras y mis comportamientos, lo que me ayuda a ver con claridad lo que tengo que mejorar. Perder una amistad puede ayudarte a escuchar más a los demás, a ser más empático con los problemas de otras personas o a esforzarte más con las amistades futuras. A lo mejor hasta puedes hacer borrón y cuenta nueva.

El tema de las amistades perdidas y luego recuperadas me recuerda a la historia de una conocida. Durante su primer año de universidad, Nicole vivió con su mejor amiga, Ashley, y su familia. Vivir allí le permitió ahorrar dinero y disfrutar de las comodidades de un hogar estable. Los padres de Ashley eran pastores de la iglesia, lo que reforzó esa sensación de seguridad para Nicole, que se sentía a salvo en esa casa. Además, los conocía desde los once años y solía decir que eran como su familia.

Por desgracia, al poco tiempo de mudarse, el padre de Ashley abusó sexualmente de Nicole en varias ocasiones durante los seis meses siguientes. La tocaba inapropiadamente, luego se disculpaba y la historia volvía a repetirse. «Todo era pura manipulación psicológica», me contó Nicole. «El padre me decía que habría deseado ser más joven, que se iba a poner celoso cuando yo empezara a salir con otros hombres y que, si contaba algo, acabaría con su carrera y hundiría a su familia. Le dio la vuelta a todo».

Nicole tardó poco en sentirse acorralada; cayó en una depresión y pensó en suicidarse. «Recuerdo estar sentada en un banco con vistas al lago durante horas, intentando convencerme a mí misma para meterme con piedras en los bolsillos y ahogarme. Y así acabar con todo», me dijo. «Quería mucho a mi amiga y a su familia, y me habían ayudado tanto durante esos años que no quería ser la que rompiera la familia». ¿Te lo imaginas? «Y ése es el poder de la manipulación. Alguien quería acabar conmigo, pero yo sólo quería protegerlos a ellos y no destrozarlos», me contó.

A Nicole le costó seis meses contarle a Ashley lo que su padre le había hecho, quien no dudó de ella ni un instante y se lo contó al resto de su familia. En cuestión de horas, Nicole se marchó de la casa para protegerse, pero tuvo que dejar la universidad por problemas económicos. «Había tenido una infancia muy difícil [su padre era drogadicto y tenía tendencias suicidas, y su madre soltera anteponía sus relaciones sentimentales a las necesidades de Nicole y su hermana], pero acababa de terminar la escuela superior y era la primera persona de mi familia que iba a ir a la universidad. Estaba muy ilusionada por empezar una nueva vida», me contó. «Tenía sueños y determinación y ambición para conseguirlos... pero entonces pasó todo esto y me vi volviendo a mi casa sin mucha idea de cómo recuperarme del abuso sufrido o qué paso dar para avanzar y volver a centrarme en mis objetivos». Por otra parte, cuando Ashley enfrentó a su padre, éste acusó a Nicole y le dijo a su familia que era una promiscua (em, era virgen, ¡y ni había tenido un novio serio!) y que lo que había ocurrido era consentido.

Cuando Nicole regresó de la universidad a casa sin avisar, su familia se dio cuenta de que algo muy malo le había tenido que ocurrir, y ella se lo contó todo. Nicole nunca fue a la policía y su madre buscó consejo en varios feligreses de su propia iglesia. Fue muy duro, porque lo que le ocurrió a Nicole le hizo replantearse su fe en la religión como institución. Pero por más que intentó enfadarse con Dios, no fue capaz: «Pero sí perdí la fe en la iglesia y en su ministerio», me contó. «Antes de que todo eso ocurriera, me consideraba una joven volcada en Dios, con una fe inquebrantable, muy devota del trabajo ministerial. Ahora ya no es así».

Desde el momento en el que Nicole abandonó la casa de Ashley, perdió el contacto con su amiga y la familia de ésta. Lo último de lo que se enteró Nicole fue que la madre de Ashley no podía ni verla. Eso le generó muchas inseguridades y le minó la autoestima. Nicole se sentía sucia, indeseable y poco atractiva. «Me daba miedo visualizar mis posibles relaciones futuras, el posible dolor que tendría que atravesar al contarle mi pasado a otro hombre si en algún momento llegara a casarme», confesaba Nicole.

Casi doce años después de haber perdido el contacto, Ashley encontró a Nicole en una red social y le pidió que le contara toda la historia, incluso los detalles más dolorosos. Lo curioso es que, durante todos esos años que habían estado separadas, ambas habían soñado con la otra, y en esos sueños nunca estaban enfadadas. «Eso me hizo pensar que un día Ashley acabaría escuchando mi historia y creería todas y cada una de mis palabras», añadió. «Y a Ashley también le hizo pensar que a lo mejor su padre había omitido muchos detalles». Al poco tiempo, Ashley también comentó que habían salido a la luz muchos más detalles sórdidos sobre su padre desde que Nicole había revelado su abuso. Al parecer, su padre había vivido una doble vida durante años, con más víctimas de sus abusos y relaciones extramatrimoniales. Los padres de Ashley se divorciaron y ella ya no tenía relación con su padre, pero éste seguía ejerciendo como pastor.

Lo bueno de todo esto es que Nicole no sólo pudo por fin retomar la amistad con su amiga, sino que recuperó la fe. «Años después, un primo me invitó a su iglesia y me encantó. Y ésa fue mi manera de decirle a Dios que nunca lo había abandonado y que lo amaba». Y añadió: «Esta experiencia me ha dado la fuerza necesaria para seguir a Dios con una fe más auténtica, sincera y devota».

Lo que más me maravilla de esta historia es que Nicole perdió tantísimas cosas durante ese aciago tiempo sin apoyo; mucho más que una amiga con la que ir de compras o hablar por teléfono. Para mí, que fuera capaz de levantarse por la mañana ya me parece un auténtico milagro. Nicole no sólo perdió a su mayor confidente, sino su propia dignidad, la fe en la humanidad y en Dios, el respeto hacia los mayores, la confianza en sí misma, la sensación de seguridad y el sentido de comunidad. Y sin embargo, aunque cueste creerlo, la historia de Nicole tiene un final feliz y nos demuestra que no todas las pérdidas de amistades son irreparables. Aunque algunas desaparecen para siempre, otras pueden recuperar su brillo con sinceridad, perseverancia y una mentalidad abierta. Nicole recuperó su amistad, enmendó su camino con Dios y retomó los estudios. Además, hoy está casada con un hombre maravilloso y tiene dos hijos preciosos. Estoy muy orgullosa de ella y de cómo consiguió superar su pérdida y encontrar el consuelo que necesitaba.

CUANDO LA RUPTURA DE UNA AMISTAD ES PARA SIEMPRE

Cuando una amistad llega a su fin, siempre haces todo lo que está en tu mano para reparar el daño, pero debes saber algo: puede que la pierdas para siempre. No importa cuántas veces te disculpes; por más que te esfuerces, puede que no sirva de nada. También tienes que respetar el deseo de la otra persona si lo que quiere es cortar la relación y el contacto. Puede que nunca sepas por qué esa amistad dejó de sentir lo mismo que tú o que no entiendas las razones que te dan. Ni te imaginas cuántas veces he vuelto a hablar con una persona tras una discusión o un malentendido y, cuando me cuentan su versión de la historia,

¡parece que estamos hablando de cosas completamente distintas! También creo que, a veces, las personas evolucionan y se distancian. Los cambios vitales, como tener un hijo o casarse, pueden hacer que un amigo se sienta en segundo plano o que ya no está en la misma página o etapa de la vida que tú, tanto si sólo es su impresión como si está pasando de verdad.

Que ese amigo o amiga no quiera volver a hablar contigo es lo de menos. Al final, tienes que aceptarlo y superarlo. A medida que el corazón comienza a sanar, volver a confiar en los demás y permitir que nuevos amigos y conocidos entren en tu vida puede resultarte muy difícil. Es completamente comprensible que prefieras quedarte en casa, envuelto en tu manta mientras ves Netflix que volver a salir y exponerte, pero es importante que lo hagas.

Cuando una amistad se acaba para siempre, la mejor forma de procesar esa pérdida es pasar por el duelo y llorar el dolor que te ha causado. Acepta que la decisión de esa amistad de separarse es definitiva y, si ya te has disculpado y esa persona rechaza seguir siendo tu amigo o amiga, lo mejor es que sigas tu camino. Un buen ritual de duelo es escribirle una carta a esa persona y nunca enviarla. En ella puedes plasmar recuerdos, fortalezas e incluso defectos; vomita tus sentimientos, despotrica y llora; y cuando termines, guárdala hasta que estés listo para tirarla o, oye, incluso puedes quemarla. Cada pocas semanas, comprueba cómo te sientes. Te sorprenderá lo fuerte que te sientes y la perspectiva mejorada que tienes cuando tomas distancia de la situación.

Por lo que los Espíritus me muestran, todas las personas se cruzan en nuestro camino por una razón, incluidos todos nuestros amigos, tanto los buenos y malos como los pasados y presentes. De nosotros depende permitir que nos ayuden a crecer y a vivir la vida al máximo.

¡Buen duelo!

Piensa en una amistad con la que ya no tienes contacto. ¿Hiciste algo para causar la ruptura? ¿Crees que podrías haber hecho algo para cambiar el resultado? Escribe una carta a esa persona y asume la responsabilidad de lo que puedes haber contribuido a esa pérdida. No hace falta que la envíes, puedes guardarla o tirarla. Lo importante es que expreses tus emociones. Si plasmas tus pensamientos por escrito podrás canalizar tus emociones y adoptar una perspectiva más sana sobre lo que ocurrió.

3

CUANDO PERDEMOS UNA PAREJA POR UNA SEPARACIÓN O DIVORCIO

*E*l duelo del fin de un matrimonio puede ser una de las experiencias más dolorosas y descorazonadoras por las puede pasar una persona. Los Espíritus saben que es, sin duda, una de las pérdidas cotidianas que golpean más fuerte. A ver, mi propia separación y divorcio fueron como una montaña rusa interminable de emociones, de ésas que te revuelven el estómago; una montaña rusa con caídas bruscas y curvas increíblemente pronunciadas que dan paso a una enorme sensación de alivio cuando el trayecto por fin se acaba.

Si te descuidas, separarte de una persona a la que amas —o a la que alguna vez amaste— puede partirte el alma en dos. Al fin y al cabo, la misma persona que lo fue todo para ti es la misma con la que ahora no puedes ni estar en la misma habitación. Es posible que te sientas profundamente traicionado o poco respetado, según cómo se haya comportado tu pareja en la última etapa del matrimonio o cómo haya decidido anunciarte que quería seguir su propio camino. Y por eso precisamente puede que te cueste volver a confiar en otra persona de la misma manera.

Durante un divorcio, el duelo puede ser largo y arduo. Te aflige el hecho de no poder pedir ayuda o consuelo a alguien que antes siempre estaba para apoyarte; te duele la pérdida de tu identidad como cónyuge y miembro de tu familia, y lo que esos títulos significaban para ti. También puedes llorar al darte cuenta de que la persona con la que habías pasado tu vida resultó no ser la persona que creías, y puedes llegar a sentir que todo era un espejismo en esa relación. Duele saber que la persona a la que amabas, y que creías que te correspondía, a lo mejor ya no siente lo mismo. Seguro que pensaste que habías encontrado a tu media naranja, pero, cuando la relación terminó, pusiste en duda la autenticidad de la relación. Es normal que te preguntes si lo que sentían el uno por el otro era real, o si en realidad eras el único que lo sentía.

Además, lo normal es que, cuando una pareja se separa, ambas partes se comporten de forma desagradable o inesperada con la otra persona. Como un buen amigo me dijo una vez: «No conoces a una persona hasta que te divorcias de ella». Y tenía más razón que un santo. No obstante, yo estoy orgullosa de que mi exmarido, Larry, y yo pudiéramos llegar a un acuerdo con respeto y sinceridad. Además, hicimos lo posible por arreglarlo antes de tomar la gran decisión.

MI EXPERIENCIA PERSONAL CON LA TEMIDA «D»

Conocí a Larry a los diecisiete años, pero no fue hasta los cincuenta cuando nos dimos cuenta de que más nos valía estar bien y separados que juntos y distanciados. Nos pasábamos el día peleando por nimiedades, y eso nos pasó factura. Aunque hicimos terapia de pareja durante casi un año, al final decidimos divorciarnos.

Suelo viajar sola a menudo, así que, cuando me divorcié, aproveché esos ratos para escribir lo que sentía e intentar comprender en qué momento nuestra relación comenzó a deteriorarse. Y acabé remontándome a cerca del año 2001, mucho antes de lo que yo siempre había pensado. Los Espíritus dicen que nuestro propósito en esta vida es cambiar y evolucionar; en nuestro caso, Larry y yo lo hicimos en direcciones opuestas. También fue cuando comencé a entender y a aceptar que mi don de comunicarme con los Espíritus era mi auténtico propósito. Por si eso fuera poco, mi abuela estaba enferma, así que los días se me escurrían de entre las manos, y Larry también tenía lo suyo encima. Y así, sin darnos cuenta, todo empezó a hacer mella en nuestra vida en común, pero como los dos estábamos tan absortos en nuestras cosas no supimos ver lo que nos estaba ocurriendo como pareja.

Ahora me doy cuenta de que todo se empezó a desmoronar poco a poco, durante quince largos años. Sutiles indirectas e insultos que poco a poco empezaron a deteriorar nuestra relación y que fui echándome a la espalda para tirar del carro. No fue hasta 2015 cuando nos dimos cuenta de que no éramos felices como matrimonio, al menos no como esperábamos. Ambos echábamos de menos lo que nos había enamorado al principio, sin duda, pero ya no había marcha atrás. Queríamos reavivar la chispa y restaurar esa noción de familia y hogar, pero por mucho que nos esforzábamos ya no lo conseguíamos recuperar.

Lo que me sorprende es lo que más echo de menos del matrimonio: extraño, sobre todo, nuestra dinámica familiar y formar parte de una unidad inseparable. Aún añoro los recuerdos de aquellos momentos juntos. Se cuelan entre mis pensamientos, en plena noche, y ya no me dejan conciliar el sueño. En la fiesta de compromiso de mi hija Victoria conseguimos reunirnos todos, pero me puse muy melancólica por lo que una vez fuimos. Por supuesto, también lloro la pérdida de Larry como amigo.

CUANDO EL DIVORCIO EQUIVALE EL FIN DEL MUNDO

Incluso si la ruptura es amistosa, mucha gente equipara el divorcio a la muerte por el dolor tan profundo que uno siente. Al fin y al cabo, esa persona ya no está en tu vida diaria, y la relación en sí está muerta. Se acabó. Fin. Has perdido algo que no volverá. Recuerda que una pérdida es una pérdida, y que todas duelen por igual. Como dirían los Espíritus, no importa cómo haya sucedido: tanto si un ser querido se ha suicidado repentinamente o ha tenido un accidente, como si has sido testigo del deterioro de una persona con el paso de los años por un problema de salud, la pérdida es igual de desgarradora. Lo mismo ocurre con el matrimonio: da igual que se haya esfumado a lo largo de cinco años o de la noche a la mañana.

Al final de una relación, siempre intentamos justificar el duelo con razones que pueden explicar por qué nos duele tanto, pero los Espíritus dicen que eso, en realidad, poco importa. La relación se ha acabado y lo mejor es que mires hacia delante y te centres en el porvenir con esperanza. No creo que Larry y yo nos separáramos por un solo motivo. Los dos cambiamos y empezamos a querer cosas distintas en nuestras vidas, así de simple. Está claro que también soñábamos con ser lo que una vez fuimos, treinta años atrás, pero sabíamos que eso ya no iba a ocurrir.

Mantra: «Valoro mi capacidad de amar
y de herir, y aprendo y crezco gracias a ella».

Cuando estás pasando por el huracán de una separación o divorcio, los Espíritus dicen que la clave es centrarse en el día a día —y a veces hora por hora— y dar otro paso más hacia delante, sin prisa, pero sin pausa. Te aseguro que todo ocurre por un motivo, así que incluso si divorciarte te parece ahora el fin del mundo, en realidad lo más probable es que sea el umbral a un nuevo comienzo para ti. También es importante que intentes ver el lado bueno de tus circunstancias. Si estás enfadado, acuérdate de aquello de que «el tiempo todo lo cura». Cuídate y come bien, haz ejercicio y recuérdate que eres una buena persona, un alma buena. Márcate otro propósito sólo para ti, bien relacionado con el trabajo, tus hijos o una actividad que a lo mejor a tu pareja no le gustaba. Haz algo bonito por los demás, como pagar un café a un desconocido o sujetarle la puerta a alguien, para recuperar el ánimo. Por último, recuerda que tu identidad ha cambiado —ya no eres el marido o la esposa de nadie— y que es fácil sentirse perdido en la vida cuando eso ocurre. Para evitarlo, busca nuevas motivaciones, poquito a poco.

LA DIMENSIÓN ESPIRITUAL

Mucha gente me pregunta si Dios cree que el divorcio es una mancha terrible en el alma, pero hay cosas que pasan y no se pueden evitar. Dios no quiere que seamos desdichados. Los Espíritus quieren que nos amemos, honremos y respetemos a semejanza de lo que Dios siempre quiso. Si una persona se interpone en nuestra felicidad, sea cual sea el motivo, y queremos ponerle remedio, no estamos yendo contra la voluntad de Dios. Dudo mucho que Dios quiera para ti una relación llena de mezquindad, amargura, tristeza o ira. Ni hablar.

Recuerda también que el odio y la negatividad no existen en el Más Allá, por lo que en la otra vida podrás reencontrarte con tu cónyuge de forma constructiva. Lo más probable es que el karma esté involucrado en el tiempo que estuvieron juntos aquí, en la Tierra, pero no descubrirás los motivos hasta que no te unas al resto de almas en el Cielo.

Los Espíritus dicen que un divorcio a veces está predestinado porque se espera que cultives otras relaciones y experimentes otros tipos de crecimiento personal. Una parte de mí cree que divorciarme fue parte de un viaje que mi alma necesitaba emprender. Al hacer pública nuestra ruptura en la televisión, Larry y yo ayudamos a mucha gente a saber manejar sus separaciones con respeto y dignidad. En una de mis giras, un hombre se me acercó con lágrimas en los ojos y me dijo que durante años él y su mujer habían visto *Long Island Medium* y que quería agradecerme la sinceridad que habíamos demostrado al compartir lo que estábamos pasando abiertamente en la televisión. El hombre me contó que, cuando su esposa y él estaban viendo un episodio en el que Larry y yo hablábamos de lo que estábamos pasando, se miraron y dijeron: «¡Pero si somos nosotros!». Inmediatamente comenzaron a ir a terapia juntos y su relación mejoró. El hombre añadió que, de no ser por ese episodio, no sabía qué habría pasado con ellos, pero sí sabía que no estarían tan unidos como lo están ahora.

Por eso, y a pesar de todo lo que sufrimos Larry y yo durante el proceso, una parte de mí me dice que estoy destinada a ayudar de esta forma. Por otra parte, el hecho de creer que nuestro divorcio tenía un propósito también me ha ayudado a procesar lo que sentía. Lo que sí sé es que los Espíritus guiaron nuestra forma de gestionarlo. Mira, muchos ex se manifiestan a través de mí como almas que buscan disculparse por no haber amado o respetado a su cónyuge en la Tierra y que han esperado a estar muertos para asumir la responsabilidad de sus decisiones, que afectaron negativamente a su matrimonio. Creo que los Espíritus me han utilizado como ayuda para mitigar esas situaciones. De todos modos, no hay que esperar a estar muerto para hacer las cosas bien.

Sin embargo, si una familia no está destinada a separarse, los Espíritus intervendrán. Una vez recibí a una familia que tenía un hijo con discapacidad mental, Shane, que se escapó por la puerta trasera de su casa y se ahogó en la piscina. El padre era el que estaba cuidando del hijo en ese momento, y como sucedió mientras papá estaba a cargo, a mamá le costó mucho perdonarlo. La pareja estaba a punto de divorciarse cuando vinieron a verme. Sin embargo, cuando canalicé el alma de Shane, me dijo que era el alma de su padre la que estaba destinada a cargar con su muerte, no la de la madre. Si Shane hubiera muerto al cuidado de su madre, ésta nunca habría sido capaz de perdonarse a sí misma. Y ese mensaje que les hice llegar lo cambió todo. A día de hoy, los padres de Shane siguen juntos.

Creo que Dios sólo nos pone delante lo que podemos afrontar, como la forma de procesar un divorcio. Los Espíritus nos aconsejan que nos apoyemos en signos, símbolos y sueños que las almas de nuestros seres queridos nos envían para ofrecernos consuelo durante ese proceso vital de sanación. Cuando me estaba divorciando, soñé con el alma de mi abuela muchísimas veces, siempre en situaciones divertidas durante su vida en la Tierra. Su alma me mostró muchas cosas maravillosas que habíamos hecho juntas, y creo que me quiso mandar estos recuerdos para reconfortarme; porque sabía que, para mí, estar con mi familia siempre me hacía sentir protegida. Soñar con mis abuelos me dio una paz increíble durante esa época tan dolorosa. Fue la forma que tuvo mi abuela de decirme que todo saldría bien.

Si no sentimos ninguna intervención espiritual, los Espíritus creen que seguramente estemos demasiado enfadados o tristes para permitir que las almas divinas puedan abrirse paso a través de nuestra energía. Intenta relajarte, mantén la mente abierta y hazte consciente de cualquier cosa extraña, rara o inusual que ocurra a tu alrededor, pues a menudo vienen enviadas por los Espíritus. También puedes rezar a la Santa Madre y pedirle su apoyo, pues es conocida por su presencia compasiva, enriquecedora y comprensiva. Las deidades de otras religiones también valen si representan esos mismos valores.

Está claro que he aprendido mucho de mi divorcio, sobre todo a ser más compasiva. Ahora soy mucho más empática gracias a la terapia y a mis esfuerzos por ponerme en el lugar de Larry. Y aunque todo eso no arregló mi matrimonio, ahora tengo una actitud mucho más comprensiva en mi día a día. También he aprendido a hacerme responsable de mis errores. Me di cuenta de que me alteraba con facilidad y daba rienda suelta a mi rabia cuando estaba infeliz. Y, sobre todo, que nuestra felicidad depende sólo de nosotros mismos. Tenemos que asumirlo.

Ahora que he superado el divorcio, estoy viviendo uno de los mejores momentos de mi vida. Y no lo digo por decir. Soy una mujer fuerte e independiente que ha tomado las riendas de su vida, y me encanta. Sé que tanto Larry como yo somos más felices ahora que nos aportamos algo distinto el uno al otro, algo que me enorgullece. Para disfrutar de nuestra vida en la Tierra, tenemos que ser fieles a nuestra alma. Cuanto antes lo entendamos, mejor.

¡Buen duelo!

Para mí, un matrimonio es cosa de dos, tanto para lo bueno como para lo malo. Piensa en todo lo que hayas hecho que haya podido contribuir a esa ruptura y piensa si podrías haber actuado de otra forma. Haz esta reflexión cuando tengas un rato tranquilo en casa o mientras das un paseo con calma y luego cuéntaselo a un amigo de confianza o a un psicólogo. Está claro que las conclusiones que saques no cambiarán el pasado, pero te ayudarán para tus relaciones futuras.

4

CUANDO PERDEMOS LA FE

Cuando sufrimos una pérdida diaria, es muy común que nos sintamos despreciados, ignorados y traicionados por una fuerza superior. También es normal que el dolor nos consuma, que perdamos la esperanza y que nuestra fe toque fondo. De hecho, que alguien escuche nuestras plegarias nos parecerá casi un milagro.

Cuando te cuestionas el papel de Dios en tu vida durante una pérdida de fe, es importante recordar que hay muchos factores en juego, de modo que no sólo depende de que (1) le pidas a Dios que las cosas salgan como quieres y que (2) Él responda o no a tu petición. Los Espíritus me cuentan que la forma de obrar de Dios es omnipotente, generosa y bondadosa, pero sus planes también pueden parecernos imprevisibles y difíciles de entender. Nuestras circunstancias se desarrollan en función del tiempo, las lecciones que nuestras almas necesitan aprender, el destino, las elecciones de libre albedrío y muchos otros factores. Puede que todas estas circunstancias no estén en nuestras manos, que sí las tengamos bajo control, ambas cosas o bien ninguna de las anteriores.

Mi amiga Lori tiene una fe muy arraigada, pero, hace años, su vida se vino abajo... y con ella su fe. Su hijo tenía muchos problemas de integración social: no iba a clase y estaba metido en las drogas. Lori se preguntaba a menudo: «¿Por qué no protege Dios a nuestra familia?». Lo único que hacía Dios era permitir que este joven tomara decisiones propias y que luego aprendiera de ellas. Dios no le decía que se saltara la práctica de béisbol y se juntara con malas compañías. Fue él mismo quien así lo decidió.

¿QUÉ TIENE QUE VER DIOS CON TODO ESTO?

La pérdida de la fe se transforma en un cúmulo de emociones. Nos sentimos olvidados, a la deriva. Al creer que nadie escucha nuestras plegarias, el resentimiento nos invade o incluso peor: creemos que Dios nos está negando algo. Nos dejamos llevar por la ira y el miedo atroz al pensar que todos los años en los que hemos depositado nuestra fe en un poder superior han sido en vano y que nos han tomado el pelo. Nos sentimos embaucados y engañados porque adoramos a un Dios que dice estar con nosotros, pero que parece contradecirse con sus actos. En definitiva, que se materializa en alguien o algo que Él afirma no ser. Hemos invertido nuestra energía, nuestras oraciones y nuestro amor en servir a Dios y ahora sentimos que todo ha sido en vano.

A lo largo de todos estos años en los que he canalizado a los Espíritus, me he dado cuenta de que Dios es el primero al que culpamos (no falla, la culpa vuelve a la carga) porque creemos que nosotros —o aquellos a los que queremos— no sufriríamos si Dios tomara cartas en el asunto; si nos amara o escuchara más... o tantas otras cosas. Nos cuesta creer que cualquier acontecimiento fruto del azar pueda hacernos la vida cuesta arriba, por lo que preferimos perder la fe en el poder y la devoción que Dios nos profesa e incluso nos cuestionamos su existencia. Parece que si vamos a la iglesia, rezamos y procuramos amar al prójimo, ya tenemos derecho a una vida sin dificultades. Luego, una pérdida diaria se nos cae encima y nos pilla desprevenidos. ¿Pero cómo es posible? ¡Nosotros sólo nos merecemos cosas buenas! Lo fácil es ponerse a la defensiva, deprimirse y enfadarse por lo que consideramos como una injusticia. Dios acaba convirtiéndose en el blanco perfecto, porque él nunca nos va a gritar, como harían un amigo o un familiar. Dicho de otro modo: los Espíritus nos piden que le demos a Dios un respiro, pues Él siempre vela por nosotros.

EL DIOS DEL «TODO O NADA»

Algunas personas pierden su fe al momento; otras, abandonan sus creencias de forma más gradual. La fe implica creer en lo que no podemos ver, y como eso es lo que precisamente no podemos hacer —ver los avances o la parte positiva— cuando sufrimos una pérdida, es lógico que dejemos de creer en Dios. Hay que tener fe para sentir la presencia de Dios, ver las señales y percibir los mensajes divinos. Si dejas de buscar a Dios y esperas que sea Él quien siempre te busque, no podrás saber cuándo está interviniendo o si lo hace siquiera.

Cuando vivimos una pérdida diaria, es fácil que veamos a Dios como una fuerza del «todo o nada», pero lo cierto es que nuestro Señor se mueve en una escala de grises. Si perdemos la fe, los Espíritus saben que le achacamos a Dios directamente todo lo malo y creemos que todo es para hacernos daño, no por nosotros y nuestro bienestar. Seguro que crees que lo que te pasa es un castigo o, peor aún, un simple producto del azar que no depende de ti. Sin embargo, al canalizar a los Espíritus me he dado cuenta de que son muchas de nuestras elecciones las que nos llevan por el camino equivocado, desembocando así en pérdidas. Otras veces, se trata simplemente del curso natural de la vida en la Tierra. Los cuerpos se deterioran, los amigos cambian y el dinero es volátil. Si tu matrimonio se desmorona, ¿es la voluntad de Dios, o más bien el hecho de que tu pareja decidiera engañarte deliberadamente? Sí, puede que las secuelas de un accidente de coche no sean tu culpa, ¿pero fue Dios quien te indicó por dónde ir o lo decidiste tú solo?

Nuestras decisiones —tanto las buenas como las malas— van asfaltando nuestro camino y nosotros somos los únicos responsables de lo que nos ocurre. Dios interviene sólo si su voluntad así lo quiere y siempre por nuestro bien. El resto de las decisiones están en nuestras manos y en las de quienes nos rodean. Así que sí, Dios tiene el control, pero nosotros somos los que tomamos las decisiones que nos enseñarán las lecciones de vida más importantes de este mundo, así que mucho de lo que nos ocurre también depende exclusivamente de nosotros mismos.

PASA LA MOSTAZA

A veces, lo realmente complicado es creer en Dios pero no tener fe en que nos va a ayudar y pensar que en realidad nos ignora, o que nuestro bienestar o las consecuencias de una situación desafortunada no le preocupan. Es entonces cuando los Espíritus te recomiendan que tengas siempre cerca de ti este versículo de la Biblia: «Por vuestra poca fe —les respondió—. Porque en verdad os digo que basta con tener una fe tan pequeña como un grano de mostaza para decirle a esta montaña: "Trasládate de aquí para allá", y se trasladará. Nada será imposible para vosotros» (Mateo 17:20, NVI). Si un grano de mostaza sólo tiene entre uno y dos milímetros de diámetro, mover esa montaña no nos costará mucho, ¿verdad? Y eso es preferible a perder la fe, porque una vez que la perdemos del todo, también perdemos la esperanza... y al final, el amor. Y sin amor, no somos nada.

Mantra: «Puede que haya perdido la fe, pero sé que encontraré la esperanza y el amor en la luz de Dios».

Lo mejor de una pequeña semilla de fe es que puede llegar a convertirse en una hermosa planta que acabará floreciendo y formando nuestro sistema de creencias. La energía que mueve ese pequeño atisbo de fe puede transformarse a su vez en nueva energía y lograr lo más inesperado. Nicole es una mujer que siempre se ha considerado espiritual, pero, a pesar de haberse criado en una familia católica, nunca fue practicante en su etapa adulta. Justo antes de que su hijo Nate comenzara el preescolar, el niño se había quejado de dolor de piernas y de cabeza y había tenido un poco de fiebre. Nicole achacó esos síntomas a las crisis de crecimiento, a los resfriados y a una gripe. Lo envió al kínder el primer día, pero dos días después la maestra de Nate y la enfermera del centro llamaron a Nicole para recomendarle que llevara al niño al médico. Nate no tenía un buen color de piel y creían que le pasaba algo. El pediatra del niño le mandó unos análisis de sangre y detectaron unos niveles de hemoglobina muy bajos;

mala señal. Al hacerle más pruebas, le diagnosticaron leucemia linfoblástica aguda.

En sus muchas entradas y salidas del hospital, Nate sufrió lo indecible con la quimioterapia y los tratamientos con esteroides. Nicole empezó a rezar con su hijo para pedir que le aliviaran su sufrimiento. «A quien más rezamos fue a la Virgen María», me contó Nicole. «Al principio, rezaba porque creía que eso distraería a Nate de sus dolores o porque así su mente lo haría sentirse mejor». Nicole siempre había practicado la meditación, y aunque tanto ella como su hijo hacían ejercicios de respiración y meditaban juntos cada vez que tocaba una cita médica, cuando las enfermeras le ponían la vía en el pecho o en la espina dorsal a Nate para la quimio, el dolor era el mismo. Nicole acabó pidiendo ayuda a una fuerza superior y divina. «Comencé con las pocas plegarias que conocía: el Padre Nuestro y el Ave María», me dijo, «y fue el Ave María lo que más le caló a Nate. Cuando yo rezaba, lo oía a él susurrarlo en voz baja».

Una noche, después de un día especialmente difícil de tratamiento, Nate comenzó a llorar entre sueños y Nicole llegó a pensar que su hijo no superaría el cáncer. «María, por favor, ayúdanos», pensó. Nicole empezó a rezar el Ave María una y otra vez, casi como un mantra de meditación. «El miedo me había paralizado y era la única manera de calmarme», añadió Nicole. «Empecé a sentir pánico. Estaba desesperada y necesitaba un milagro». Nicole estaba llorando desconsoladamente cuando, de repente, una voz desconocida le habló en su cabeza y le dijo de forma pausada: «No hay motivos para pensar que hoy es el último día de tu hijo. Tómatelo con calma». Nicole me la describió como una voz tranquila y pacífica, distinta de la suya. «Yo tengo una voz italoamericana de

Nueva Jersey muy fuerte», dijo entre risas. «Esta voz era muy dulce y femenina; sonaba casi como un susurro, como una suave brisa que te roza la piel».

La fe de Nicole empezó a hacerse más fuerte y Nate completó el tratamiento seis meses antes de lo esperado. «Con un diagnóstico muy bueno», dijo Nicole. A veces, Nate aún le pide a Nicole que recen juntos si tiene ansiedad o aún se encuentra mal por las secuelas de su enfermedad. «Rezar le da paz», y añade que aún prefieren rezarle a la Virgen: «Siempre le digo a la gente que María es como una buena amiga. Estoy segura de que vela por todas las mamás y nos consuela cuando lo necesitamos».

Nicole dice que el camino de su fe comenzó creyendo en un poder superior no definido, pero que ahora confía en Dios y la Virgen María para velar por su familia. «También creo que hay ángeles entre nosotros, como la enfermera del kínder de Nate y muchas otras personas buenas que no dudaron en apoyarnos durante esos momentos tan difíciles», añade. De hecho, Nicole nominó a la enfermera de su hijo para el concurso de enfermeras escolares de Estados Unidos de Pfizer en 2018... ¡y ganó! Con el dinero del premio, la enfermera compró entradas de primera fila para el musical *Wicked* en Broadway, tanto para su familia como para la de Nicole y la de la profesora del niño. Lo que está claro es que Nicole ha recuperado la fe: «Sucedió el milagro que esperábamos».

PERDER RÁPIDA O LENTAMENTE

La fe se puede perder en un abrir y cerrar de ojos, tanto con una pérdida diaria como con el fallecimiento de otra persona. Los Espíritus dicen que la única diferencia es la rapidez con la que se diluye. Cuando muere un ser querido, la fe puede desaparecer de golpe, pero las pérdidas diarias suelen implicar una acumulación de experiencias negativas a lo largo del tiempo, por lo que nuestra fe también puede ir desvaneciéndose sin que nos demos cuenta. Además, las pérdidas diarias también suelen implicar muchas pérdidas menores; por eso, es normal que el día que nos demos cuenta de que no tenemos ni un ápice de fe nos pille con la guardia baja. Las pérdidas diarias pueden ir haciendo mella en tus creencias hasta el punto de que no reparas en la poca fe que te queda hasta que es demasiado tarde.

Siempre que he perdido la fe en Dios, ha tenido que ver con mi don. No es fácil hacer una lectura para un público dolido que no puede afrontar lo que le intento transmitir. La gente suele ser muy receptiva cuando canalizo un mensaje, pero, de vez en cuando, recibo abucheos o me convierto en el saco del boxeo de alguien consumido por el duelo. En esos momentos, siento que Dios me está poniendo a prueba. Dedico más tiempo a meditar y busco una señal de por qué me dedico a esto. Entonces, me vienen a la mente las personas a las que he ayudado y recuerdo que nada es perfecto, y que habrá altibajos por el camino. Si le pregunto a Dios si ésta es mi auténtica misión en la vida, su respuesta siempre es un rotundo «sí».

La próxima vez que pierdas la fe, recuerda que Dios tiene planes maravillosos para ti. Está muy bien sentir pena por uno mismo de vez en cuando, pero no puede convertirse en un hábito. La fe se puede perder con una rapidez pasmosa, pero eso es porque vivimos en una cultura que premia la gratificación inmediata por encima de todo. La fe, en cambio, requiere paciencia —como su propio nombre indica—, y ser paciente cuesta horrores. Si aceptas que tu propósito en la Tierra es preparar el terreno para disfrutar de la vida eterna, te darás cuenta de que tener fe en Dios y en Sus intenciones todopoderosas también significa tener fe a largo plazo. Ahora mismo, sólo eres un alma diminuta que está experimentando sensaciones físicas en un cuerpo humano. Recuerda: esto es sólo un adelanto de lo que vendrá después.

A veces, lo mejor que te puede pasar es perder la fe, porque es cuando Dios entra en acción con una señal para demostrarte Su devoción absoluta por ti. Estoy segura de que todo pasa por una razón, y perder la fe no iba a ser menos. A veces, hay que reiniciar el sistema para reconstruirse.

¿LE DOLERÁ A DIOS QUE PERDAMOS LA FE?

Dios es increíblemente comprensivo, tanto si nos enfadamos como si nos sentimos abandonados o si estamos pasando por una crisis de fe. No se enfada porque perdamos nuestra fe. Lo entiende y ahí estará siempre, para cuando estemos listos. Eso es lo que intento canalizar siempre: Dios está lleno de amor y perdón, y no tiene favoritos. Si recuperas la fe, Dios no te pedirá cuentas en tu vida después de la muerte. Pero si sigues enfadado con Dios más allá de la muerte, tendrás que hablarlo con tus guías espirituales para repasar tu vida en la Tierra. Y entonces podrás ver cómo todo podría haber sido diferente si le hubieras dado a Dios una oportunidad. O a lo mejor, después de morir, tu alma se sentirá tan llena de Su gloria que le pedirás perdón de inmediato por haberle dado la espalda en los peores momentos.

De todos modos, Dios te desea toda la fe del mundo, pase lo que pase. Cuando canalizo a los Espíritus y una luz dorada y blanca inunda la sala, sé que Dios está entre nosotros. Y suele decir que, incluso si le das la espalda, Él siempre estará contigo. También quiere decirte que tus plegarias siempre son escuchadas, aunque no siempre obtengas una respuesta. Lo único que tienes que hacer es exteriorizar tus peticiones, ponerte en manos de Dios y sentirte agradecido de lo que recibas. Yo recurro a Dios un montón. Siempre está cuando lo necesito, tanto si le profeso amor y lo recibo con las manos abiertas como si lo ignoro porque estoy de mal humor. Pues, contigo ocurre igual.

Cuando perdemos la fe, solemos fijarnos sólo en lo que demuestra claramente que Dios nos defraudó, pero no en los pequeños detalles que indican que Él sigue ahí, apoyándonos. Si nos diagnostican un terrible cáncer lo hacemos responsable por no protegernos, pero luego se nos olvida atribuirle el mérito de ayudarnos a dar con el médico que nos ha ayudado a recuperarnos. Una enfermedad puede deberse simplemente al deterioro del cuerpo terrenal o a malas decisiones que tomamos, como ocurre con las enfermedades coronarias o la diabetes; encontrar al médico adecuado, en cambio, sí que es un acto de Dios, quien quiere que nos recuperemos gracias a las herramientas que Él ha conseguido crear en la Tierra.

Es difícil adivinar lo que hace que una persona se aferre a su fe y que otra la abandone en los momentos más duros. Algunos tenemos una fe más sólida que otros, así de simple. Tampoco es que otros tengan mucha fe en la humanidad, tal vez porque un médico o ciertos seres queridos les han abandonado a su suerte, por lo que se vuelcan en el poder divino. Al fin y al cabo, se cree que Dios es la fuente más inagotable de respuestas. Yo creo que quienes no tienen costumbre de ir a misa, rezar habitualmente o practicar su fe de alguna otra forma tienen más tendencia a alejarse de Dios y perder esa fe.

Los Espíritus aseguran que lo mejor para recuperar la fe es volver a los orígenes. Volver a la iglesia, rezar una oración, contemplar un atardecer, pedir una señal y maravillarnos con el increíble universo que nos rodea. Da igual lo enfadados que estemos con Dios: no perdamos la fe en Él, por favor. Podemos estar enfadados con Él y seguir teniendo fe; basta con guardarla en un rincón de nuestro corazón mientras procesamos nuestro dolor. Cuando estemos listos, nos daremos cuenta de que Dios nunca nos abandonó. Rindámonos ante su grandeza y confiemos en que Su gran plan para nosotros ya está en marcha y que la espera merecerá la pena.

¡Buen duelo!

La próxima vez que te sientas ignorado o abandonado por Dios, visualízate sentado en un espacio inundado por una luz blanca y dorada (así es como veo a Dios cuando se manifiesta en una de mis lecturas); en un lugar donde te sientas a resguardo y cerca de Él. Da igual si es un lugar de culto, en tu propio jardín o paseando descalzo por el bosque. Los Espíritus dicen que esa combinación de visualización y ubicación te ayudará a relajarte en Su presencia. Cuando sientas que tus músculos se relajan y que estás más tranquilo, di una oración o habla con Dios directamente para contarle lo que guardas en tu corazón.

5

CUANDO PERDEMOS EL CONTROL

Los Espíritus afirman que el duelo, por naturaleza, es una etapa muy incómoda e inestable, incluso para las personas más tranquilas del mundo. Por eso, cuando sufrimos pérdidas diarias, tenemos que asumir que el sentimiento de impotencia lo vamos a tener ahí de forma casi constante. Las pérdidas y las dificultades diarias, como acabar desempleado o cuidar de un niño con necesidades especiales, pueden hacer que nos sintamos como si no tuviéramos voz ni voto sobre nuestro propio futuro o el de nuestros seres queridos, igual que pasa con pérdidas como la infertilidad, criar a un niño que sufre acoso, las duras batallas por la custodia de los hijos o ser víctimas de un robo. Cuando una pérdida nos pilla desprevenidos, los Espíritus dicen que somos más propensos a sentir que no tenemos el control, pero te voy a ser sincera: a mí me parece que todas las pérdidas de este libro influyen en nuestra percepción del control, aunque con algunas se sienta más que con otras, según cuánto nos afecte y nos llegue al corazoncito ese tema en particular.

Las pérdidas nos hacen cuestionarnos lo que creemos sobre la vida y nos fuerzan a afrontar realidades que jamás se nos habían planteado antes. Y eso es lo que nos hace sentir que perdemos el control. Las pérdidas, como tales, son un problema de control que nos afecta a todos.

NO LUCHES BATALLAS PERDIDAS

Cuando sufrimos una pérdida de control real, sólo tenemos dos opciones: caer en el caos o luchar contra él. Ahora bien, los Espíritus dicen que luchar por recobrar el control suele ser una batalla perdida. El hecho de que pasen cosas a nuestro alrededor que no dependen de nuestras elecciones confirma que hay otras fuerzas y decisiones involucradas sobre las que no tenemos poder ni control alguno... Si no, fíjate en los accidentes de coche y en las infidelidades. ¡Y cuánto miedo da sentirse impotente! Perder el control puede resultarnos especialmente confuso y doloroso en situaciones que nos cuesta entender. El mundo nos parece un lugar caótico e imprevisible, y no podemos saber con antelación lo que nos puede pasar a nosotros o a nuestros seres amados.

Cuando sentimos que perdemos o no tenemos el control, pueden pasar muchas cosas. Algunas personas intentan poner trabas a la situación y se esfuerzan aún más para controlar lo que pueda ocurrir en el futuro. Da igual si nos volvemos más controladores o cuánto nos agitemos o irritemos; aunque no queramos verlo, poco podemos hacer. Puede que acabemos peleándonos con alguien, gritando o llorando descontroladamente en lugar de capear la situación hasta el final. Los Espíritus dicen que, a veces, las cosas suceden, sin más. El mundo físico no es perfecto, sólo el Cielo lo es.

QUE VENGA DIOS Y LO VEA

Estoy segura de que Dios nos manda sólo lo que podemos manejar. Por eso es tan importante que nos aferremos a nuestra fe: nos ayudará a limar las asperezas con nuestros problemas de control. A veces, no nos queda otra que rendirnos ante Dios y cederle el control. Con la pérdida llega el momento de «soltar las riendas y entregárselas a Dios», y también de permitir que seres espirituales como los ángeles, los guías, las almas de los seres queridos y las figuras de la fe hagan su parte.

Hace poco me enteré de la historia de Linda, un ejemplo perfecto de cómo Dios nos envía refuerzos cuando perdemos el control. Linda sintió que perdía el control y el universo le demostró que no estaba sola. Dios le indicó que sus seres queridos del Más Allá estaban dispuestos a intervenir y tomar las riendas en una situación que no estaba en sus manos.

Linda es la menor de tres hermanos, a quienes admiraba y consideraba sus modelos a seguir desde niña. Aunque su hermano Gerald era once años mayor que ella, estaban muy unidos. Era su confidente, amigo y casi hasta su psicólogo (de hecho, ejercía como tal profesionalmente). En febrero de 2017, empezó a sentirse mal. Gerald solía salir a caminar, pero empezó a faltarle el aire y acabó dejando de salir como antes. Vio a muchos médicos, quienes le ofrecieron múltiples teorías y medicaciones, pero siguió empeorando. A medida que iba probando un tratamiento tras otro, Linda se sintió impotente por no poder ayudarlo como ella quería. «Le mencionaba posibles diagnósticos para que los investigara, pero él me los tiraba abajo», contaba. «Sentí que no tenía el control de esa situación, y soy una persona a la que le gusta tenerlo siempre».

En mayo de 2017, a Gerald finalmente le diagnosticaron amiloidosis, una enfermedad rara causada por la acumulación de amiloide en los órganos. El amiloide se produce en la médula ósea y a veces puede filtrarse a otras partes del cuerpo, causando problemas en el corazón, el hígado, el sistema nervioso, el tracto digestivo y muchos otros órganos. No hay cura para esta enfermedad, pero hay tratamientos que pueden aliviar los síntomas. Uno de ellos es el trasplante de células madre, así que Gerald decidió darle una oportunidad.

Mientras tanto, Gerald seguía viviendo como mejor podía y tachando los días que quedaban para el trasplante en el calendario. «Gerald tenía mucha esperanza», contaba Linda. «Bueno, todos la teníamos. Y todo parecía que iba a salir bien». Linda organizó un viaje a Baltimore para visitar a su hermano mientras éste se recuperaba de su trasplante. También había estado en contacto con la hija de éste, Sarah, y se habían unido a un grupo de apoyo en Internet para los enfermos de amiloidosis. «A ambos nos gusta averiguar todo lo que podemos sobre las cosas duras que nos pasan», continuó, «y unirnos a este grupo y aprender todo lo que pudimos y hablar con otras personas en la misma situación nos dio una sensación de control que tanto ansiábamos». Linda y su familia se centraron en el trasplante, pues era lo más cercano a una cura.

Vivir en Florida, tan lejos de su hermano, no le ponía las cosas fáciles a Linda. A finales de junio, se despertó llorando por una pesadilla. «Nunca me había pasado», dijo. «Desperté a mi marido y se lo conté inmediatamente. Era muy raro y no quería olvidarlo». En su sueño, que le pareció tan real como la vida misma, Linda vio a sus dos padres fallecidos de pie, en un cuarto. La madre estaba apoyada en una mesilla de noche, y a su izquierda estaba el padre, apoyado en un armario. Miraban a Linda y luego miraban al suelo como diciéndole: «Mira hacia abajo, mira hacia abajo». Linda intentó mirar hacia abajo durante todo el sueño, pero no pudo ver nada; fue entonces cuando se despertó llorando. «El sueño era muy vívido, muy real. Pero no tenía ni idea de lo que mis padres querían que viera, y eso me angustió mucho».

Pocos días después, el 1.º de julio de 2017 sobre las 5:00 de la mañana, Linda recibió una llamada en la que Leslie, la mujer de Gerald, le dijo llorando: «¡Nos ha dejado, nos ha dejado!». Su hermano mayor, al que tanto quería, había fallecido. La familia estaba destrozada. Linda voló a Baltimore para honrar a su hermano, tan maravilloso, generoso, bueno y divertido. «Dejó un vacío muy grande en nuestras vidas», añadió.

Cuando llegó a casa de su hermano, Linda le preguntó a Leslie qué había pasado y dónde exactamente. Ésta le dijo que, sobre las 4:30 de la madrugada, Gerald se había levantado para ir al baño. Leslie se levantó a su vez para hacer café. Cuando llamó a Gerald y le preguntó si estaba bien, él dijo que sí. Lo oyó volver a la cama, pero después escuchó un golpe muy fuerte y a Gerald quejándose. Leslie corrió al dormitorio y lo encontró en el suelo, ya inconsciente. Aunque llamó al 911 rápidamente, sabía que Gerald ya se había marchado. Los paramédicos no pudieron hacer nada por él.

Mantra: «La vida me puede parecer fuera de control, pero soy fuerte y resiliente».

Linda le pidió a Leslie que le mostrara dónde se había caído su hermano. Una vez en el dormitorio, Leslie le señaló exactamente el mismo lugar donde había visto a sus padres en el sueño indicándole que «mirara hacia abajo». Linda se quedó de piedra. «Se cayó entre una mesilla de noche y un armario», dijo. «¡Exactamente los mismos que salían en mi sueño y donde se estaban apoyando mis padres! Gerald no murió solo. Mis padres estaban con él».

Linda le contó a su cuñada y al resto de su familia su premonición para reconfortarlos y decirles que Gerald no murió solo. Ella siente con todo su ser que el alma de sus padres la estaban preparando para la muerte de su hermano, aunque en ese momento no pudiera verlo. Cuando Linda me contó su historia, no tardé ni un segundo en confirmarle que esas almas estaban con Gerald cuando falleció y que querían que Linda supiera que estaban allí, para recibirlo con los brazos abiertos cuando cruzara. Lo que está claro es que no estaba solo, y Linda estaba destinada a compartir esa historia con los demás.

Unos días más tarde, después del funeral, Linda experimentó una serie de visitaciones oníricas del alma de su hermano. Y algo curioso: cuando estaba vivo, Gerald tenía un dicho favorito: «Mantén las líneas abiertas», como en las líneas de comunicación. ¡Pues eso era exactamente lo que estaba haciendo! En un sueño, Linda vio a Gerald sentado en un taburete, sobre un escenario, diciendo una y otra vez «Estoy bien, estoy bien, estoy bien»; sus padres estaban en el fondo, acompañándolo. Entonces, Linda se despertó. Unas semanas más tarde, tuvo otro sueño en el que Gerald la llamaba por teléfono para decirle que estaba bien y que «podía verlo todo». Para mí, eso significaba que Gerald estaba tratando de mitigar los temores que Linda aún pudiera tener sobre si él no estaba en paz, y quería asegurarle que su alma siempre estaba cerca, amándola y guiándola como cuando él estaba presente físicamente. En su último sueño, Linda vio a Gerald caminando por la calle: «Corrí hacia él y nos abrazamos. Me sentí tan en paz», me contó. «Nos miramos el uno al otro y él se limitó a sonreír y desapareció». Es muy común que las almas se manifiesten en los sueños sin decir nada, como lo hizo Gerald en esta última visita; se requiere mucha energía incluso para algo tan simple como un abrazo o una sonrisa. Está claro que Gerald es un alma evolucionada.

Cada vez que Linda recuerda esas visitaciones, le consuela saber que su familia se ha reunido en el Más Allá y que todos pueden verla y protegerla desde allí. Cuando comenzó a soñar, reconoce que sintió que no tenía poder alguno para ayudar a su hermano durante su enfermedad y apoyarlo como ella hubiera deseado. Eso también la hizo sentirse muy culpable. Además, mientras sucedía todo esto, vivía en Florida y él en Baltimore. Sin embargo, una vez que esos sueños acabaron, Linda sintió que recuperaba el control poco a poco. «Ahora que lo veo con perspectiva, me doy cuenta de que no puedes controlar todos los aspectos de tu vida, especialmente cuando hay otras personas involucradas; por no hablar de cualquier tragedia, como la enfermedad o la muerte. La vida está llena de obstáculos y, para sortearlos, tenemos que renunciar al control y aprender a nadar con la corriente», afirma. «Al final, esa necesidad que sentí de tener el control no sirvió para nada. Gerald me demostró que tanto él como mis padres y Dios ya estaban asegurándose de que yo supiera que todo estaba pasando tal y como tenía que suceder».

MANUAL DE DUELO PARA CONTROLADORES

Cualquier duelo, tanto por una muerte repentina y trágica como por una pérdida diaria más común, te hará sentir como si tu vida se descarrilara. Es uno (o muchos) de esos momentos en los que te sale de dentro el «Paren el mundo, que yo me bajo». Si crees que tienes una personalidad controladora, la naturaleza confusa del duelo te dejará un poco desconcertado. No poder controlar los arrebatos emocionales nos vuelve locos; y eso sin contar con cómo podemos perder los papeles si no pasamos por las etapas del duelo en el supuesto orden lógico que te habían contado. El dolor te resultará insoportable y acabarás echándote a llorar desconsoladamente en pleno pasillo de los cereales del supermercado. Y éste es tu infierno.

Cuando hablamos de duelo, el mayor problema para aquellos a quienes les gusta tener todo controlado en sus vidas es que el duelo por una pérdida no sigue un orden particular; es confuso y parece tener personalidad propia. No puedes poner el duelo en una cajita de tu mente y decidir que puedes superarlo cuando te sobre espacio y tiempo para ello. Te suele pillar desprevenido. El duelo tiene el control, no tú. Notarás un nudo en la garganta y acabarás viviendo tus emociones más a menudo de lo que te gustaría, en entornos que preferirías evitar y con personas con las que jamás habrías compartido nada en otro momento. Tus planes se verán trastocados según cómo te sientas, y tu lenguaje cambiará, pues acabarás contando lo dolido que estás con cualquiera que te escuche. Te costará vestirte tanto por la mañana que tu estilo cambiará, y las lágrimas empañarán tus Ray-Ban favoritas cuando estés conduciendo y necesites ver la carretera. Nada relacionado con el duelo puede predecirse, por lo que resulta un doble desafío para los adictos al control.

Si te sientes identificado con lo anterior, los Espíritus te aconsejan que proceses las pérdidas inesperadas con calma. Acepta que el dolor de las pérdidas diarias te sorprenderá y que debes tomártelo con filosofía; si no, te quedarás estancado en esa etapa de duelo durante más tiempo del que querrías. Admite que es imposible controlar el malestar que te produce una pena inmanejable, y trata de hacerte consciente de tus emociones mientras esperas a que se suavicen, apacigüen y, finalmente, pasen.

LO QUE SÍ ESTÁ BAJO TU CONTROL

Paradójicamente, no podemos controlar lo que sentimos al perder el control, pero los Espíritus saben que es muy humano intentarlo con todas nuestras fuerzas (aunque no lo consigamos). En situaciones así, sólo tenemos dos opciones: cuando esa pérdida de control nos hace sentir indefensos y vulnerables, a lo mejor intentamos evitar que vuelva a ocurrir lo que nos hace sentir así, intentando controlar las cosas que nos suceden o bien nuestro entorno o nuestras relaciones; todo para conseguir que todo siga un orden establecido. Ésa es la primera alternativa. La otra es tirar la toalla directamente, porque creemos que nos pasarán cosas malas hagamos lo que hagamos. Puede que dejemos de intentar sentirnos mejor por esa pérdida que nos ha quitado el poder; que dejemos de buscar soluciones para mejorar nuestra situación o que decidamos, simplemente, abandonar la lucha del todo.

Los Espíritus dicen que lo mejor es volcarnos en lo que sí

podemos controlar y centrarnos en esos momentos. El control
sólo lo tenemos sobre nosotros mismos, es decir, sobre nuestros
propios pensamientos, sentimientos y acciones. También podemos controlar nuestro crecimiento espiritual. Podemos cuidarnos y tomar las mejores decisiones que podamos para vivir
nuestra vida. Nuestros pensamientos, creencias y actitudes ante
la vida siempre están en nuestras manos, sea cual sea la pérdida
que se nos ponga delante.

Los Espíritus son muy amigos del control positivo en nuestras vidas. Como el libre albedrío es una parte muy importante
de nuestra experiencia en la Tierra, así como algo vital para
aprender lecciones en esta vida, las almas que nos guían no
creen que haya que dejar todo en manos de Dios. Sí, cierto,
debemos confiar en que Dios nos dé fuerza, perseverancia y
resistencia para atravesar las llamas. Ahora bien, si decidimos
pasar la mano por la llama igualmente, eso es cosa nuestra. Si
tenemos un problema con la bebida, por ejemplo, los Espíritus
nos instan a que hagamos todo lo posible para recuperar el control. Lo mismo ocurre con las dietas y el ejercicio si tenemos
sobrepeso o un problema cardíaco. Los Espíritus no quieren
que nos sintamos impotentes, pero esperan que apechuguemos
con nuestras propias elecciones, que aprendamos de los errores
y que tomemos buenas decisiones para poder disfrutar de una
vida plena en la Tierra.

Los Espíritus afirman que perder el control también puede
tener algo muy positivo: se trata de una oportunidad para comprobar cómo estás de mal antes de acabar mal del todo.

Si la pérdida de control tiene algún aspecto positivo, como
dicen los Espíritus, es que se trata de una oportunidad para

comprobar cómo estamos antes de acabar peor de lo que estábamos. La próxima vez que sientas que todo se te va de las manos, en lugar de perder el control del todo, para los pies en seco un momento y piensa si puedes hacer algo para mejorar la situación. A lo mejor puedes aprovechar esa situación de descontrol para centrarte en la oración, repasar tus bendiciones o recordar que hay gente que te apoya. Recuerda que el dolor nos afecta a todos, pero no de la misma manera. En esta espiral de pérdidas diarias, todos estamos en el mismo barco y todos hacemos lo que podemos.

¡Buen duelo!

Piensa en un momento en el que sentiste que perdías el control o ya lo habías perdido y recibiste una señal de un ser querido —una moneda, un olor familiar, un sueño reconfortante— que te aseguró que todo iría bien. Dedica un momento a dar las gracias a Dios y a los Espíritus por habértela enviado y, la próxima vez que recibas una señal, da un paso más para demostrar que la deseas con todas tus fuerzas. Si crees que una matrícula tiene un mensaje, hazle una foto; si te encuentras una moneda de veinticinco centavos, guárdala en tu caja favorita; si ves un precioso cardenal rojo por la ventana, pon unas semillas en el alféizar para que vuelva. Si lo haces, no tardarás en rodearte de pequeños recordatorios que confirman que los Espíritus están siempre contigo, y también le estarás pidiendo al universo que te envíe más regalos tan bellos como éstos.

6

CUANDO PERDEMOS LA SALUD

Los Espíritus me han contado que, cuando Dios nos creó, dio forma a cuerpos físicos, emocionales y espirituales que necesitaban guardar equilibrio para gozar de buena salud. Si uno solo de esos elementos se descompensa, nos arriesgamos a sufrir física, mental o espiritualmente, pues todo el sistema se ha alterado. Por eso, cuando surge un desequilibrio a raíz de una enfermedad o una lesión, no sólo sientes las consecuencias físicas, como el dolor o una discapacidad, sino también las tribulaciones emocionales, como la frustración que puede generarnos comenzar nuevas rutinas que se ajusten a nuestro nuevo estado físico, y problemas espirituales, como perder la confianza en Dios porque permitió que enfermáramos o nos lesionáramos.

Cuando perdemos la salud, podemos llegar a lamentar algunas de las pérdidas de las que ya hemos hablado, como la pérdida de control o de fe, además de muchas otras, como la pérdida de libertad, seguridad o identidad. Sentimos dolor por la vida y las capacidades que perdimos, sin importar si nuestra enfermedad es temporal o permanente. También nos duele perdernos a nosotros mismos. Si lo que tenemos es algo crónico, puede costarnos horrores asumir que nuestra enfermedad no tiene cura y que sólo podemos controlar los síntomas. También es posible que nos desinfle pensar en las esperanzas o los sueños del pasado, pues ya no encajan en nuestra nueva realidad. Nuestra lucha contra la enfermedad puede implicar un verdadero cambio de vida, especialmente si revivimos el proceso de duelo cada vez que experimentamos un nuevo síntoma. El mero hecho de introducir una nueva rutina o de utilizar un aparato nuevo, como un andador o algo ortopédico, puede despertar una especie de trauma o respuesta de estrés de la que es difícil zafarse.

COMO DICE LA CANCIÓN: «*I GET KNOCKED DOWN...*»

Créeme, sé lo que se siente cuando una lesión te deja fuera de combate. En junio de 2018, estaba de gira en Honolulu, Hawái, celebrando un espectáculo en vivo por mis cincuenta y un años. Estaba en la playa de Waikiki, junto a la orilla, cuando una ola me derribó. El oleaje y la corriente de resaca de esa zona son muy fuertes, ¡nada que ver con las aguas de Long Island! La fuerza del océano era tan poderosa que casi me ahogo. Los efectos no sólo fueron dolorosos físicamente, sino también increíblemente aterradores y traumáticos desde un punto de vista emocional. Lo más alucinante es que, al principio, iba directa a mi habitación para prepararme para mi *luau* de cumpleaños, pero, cuando ya estaba en el ascensor, decidí dar la vuelta y alargar el tiempo con mis amigos en la playa. Y así fue como la ola me golpeó y arrastró consigo todos mis planes.

El dolor de la rodilla era tan fuerte que cuando por fin tuve un día libre durante la gira, volé directa a casa para hacerme pruebas y confirmé lo que ya me temía: me había roto el ligamento cruzado anterior, uno de los más importantes de esa zona. Programé la operación para unos meses más tarde. Estar de pie sobre esa pierna me resultaba insoportable, y no hablemos de cualquiera de las actividades que antes formaban parte de mi rutina diaria. Durante seis meses, no pude llevar tacones (¡un drama para mí!) ni montar en bicicleta ni hacer ejercicio. Esto último se me hizo un mundo, porque solía entrenar seis días a la semana y en ese momento no podía ni subirme a una cinta de correr, hacer sentadillas o hacer *squats* para mantenerme en forma. Cosas sencillas que otras personas dan por sentadas, como conducir, vestirnos solos o incluso sentarnos a gusto en el retrete, se convirtieron en un suplicio para mí.

Después de operarme, hice muchísima rehabilitación para la rodilla, pero aún hoy, si me siento durante un buen rato, me cuesta lo mío levantarme. Y mejor no hablemos de los *jumping jacks*: ¡he tardado un año y medio en volver a hacerlos! Aunque la rodilla está supuestamente curada, mi postura no es la misma y la espalda se resiente mucho, así que estoy trabajando todos y cada uno de esos músculos para fortalecerlos.

Sé que debería sentirme aliviada, porque técnicamente mi rodilla y mi pierna están «arregladas», pero a veces aún se me hace duro. Tengo que convencerme a mí misma de que aceptar esta nueva normalidad me va a llevar tiempo y que la paciencia lo es todo. Por eso, entiendo perfectamente esa sensación de frustración, derrota y rabia que mis clientes sienten cuando les falta salud. Cuando el cuerpo está tan dañado como lo estaba el mío, no puedes evitar pensar *¿Pero por qué a mí?*

¿ESTÁ LA ENFERMEDAD EN TUS CARTAS?

Algunos compañeros espirituales creen que somos nosotros quienes escogemos nuestros cuerpos y enfermedades antes de encarnarnos en la Tierra... Pero, si te soy sincera, a mí eso no me convence. Creo que algunas personas nacen con enfermedades para aprender de ellas e inspirar a otras personas al mostrarles cómo lidian con, y manejan, esos problemas de salud. Y luego están las personas que deciden libremente ponerse a dieta o tomar decisiones arriesgadas de algún tipo que pueden hacerlas enfermar o lesionarse. Y aunque nuestras almas no deciden con antelación que un día acabaremos enganchados a la heroína o que contraeremos el VIH, lo que sí podemos escoger es dar a esas historias un giro de sanación, inspiración y esperanza para aprender una valiosa lección, todo gracias a nuestras decisiones positivas y voluntarias. Los Espíritus me han mostrado que este tipo de decisiones son las que se verán recompensadas con el crecimiento de nuestra alma en el Más Allá. Recuerda: la forma de vivir que escojas en la Tierra es la que determina el crecimiento de tu alma y la verdadera felicidad de la vida. En cuanto a la muerte, me han demostrado que está predeterminada; cuando te llega la hora, te llega.

Respecto a la enfermedad, los Espíritus nos animan a cuidarnos siempre lo máximo posible. Además, les gusta orientarnos para que podamos saber por qué nuestros clientes se sienten de determinada manera. Si podemos hacer algo más para mejorar, los Espíritus nos lo harán saber, tanto si se trata de cambiar de medicación como probar con ciertas vitaminas o buscar un acupunturista. Lo que los Espíritus no dicen es que los cuerpos acaban rompiéndose y que tenemos que centrarnos en el crecimiento de nuestra alma durante este tiempo —que somos almas, primero, viviendo en cuerpos humanos—. No. Incluso el crecimiento del alma es una elección. En cambio, los Espíritus valoran nuestros cuerpos y enfatizan que los tenemos para toda la vida y que debemos cuidarlos. Si dejas que las tuberías del cuerpo tengan fugas y el techo se derrumbe, perderá su valor y se desmoronará hasta el suelo. El «hogar» de tu alma no podrá ayudarte a vivir tu mejor y más significativa vida.

La aceptación es vital para procesar cualquier pérdida, pero es especialmente importante para plantarle cara a una enfermedad. Es tan fácil obcecarse con lo que hemos perdido por una enfermedad que nos olvidamos de valorar lo bueno que aún tenemos. Y lo entiendo, pero tenemos que aceptar y celebrar las partes de nosotros mismos que siguen ahí. Podemos seguir siendo unas madres, amigas o esposas maravillosas incluso si luchamos contra una enfermedad. Si tenemos esto presente, podremos centrarnos en quiénes somos ahora y en cómo aprender, crecer, mejorar e incluso cambiar la situación en la que nos encontramos.

Sí, has leído bien: me refiero a cambiar de verdad, a sanar. Aunque un cuerpo no siempre se puede reparar, los Espíritus dicen que, en realidad, nuestro cuerpo se esfuerza constantemente por sanar y llegar a un nuevo punto de equilibrio u homeóstasis. Siempre podemos ayudar a nuestro cuerpo, mente y alma de algún modo para encontrar un equilibrio, bien con técnicas occidentales, integradoras, holísticas o energéticas.

SIEMPRE HAY QUE VER EL LADO BUENO DE LAS PÉRDIDAS

Una parte importante de la sanación, y seguramente la más difícil para la mayoría de las personas, es mantener una actitud positiva mientras estamos enfermos o lesionados. Lo creas o no, siempre hay una forma de ver el lado bueno de estas pérdidas de salud. Puede que tu enfermedad te ayude a conocer gente y hacer nuevas amistades, a disfrutar de experiencias que antes no habías vivido y ver a las personas tal y como son en realidad.

Esto último también te puede dejar un sabor agridulce, ya que aceptar que ciertos amigos o familiares nos dejan en la estocada cuando estamos enfermos puede resultar muy doloroso. De todos modos, cuanto antes estén fuera de nuestra vida, mejor. Siempre es muy revelador saber quiénes están ahí para ayudarnos y quiénes pasan de nosotros. El apoyo puede venir de quienes menos nos lo esperamos: nuevas amistades que van a la misma panadería que tú a desayunar; un conocido con el que te encuentras siempre en la farmacia o un antiguo amigo que reaparece en tu vida sin previo aviso y en el momento justo. Esos giros positivos de la vida no ocurren por casualidad, y los Espíritus quieren que los aceptes como la maravillosa señal divina que son.

También podemos pensar que nuestra enfermedad ocurre por algo en concreto. Es más, que nuestro cónyuge nos haya abandonado mientras nos enfrentábamos al cáncer puede ser hasta una bendición, aunque en ese momento aún no lo podamos ver. A lo mejor acabar enfermos porque nuestra casa está construida con malos materiales es una señal del destino para mudarnos a un barrio nuevo, donde haremos muy buenos amigos. Está claro que la ola que me derribó no fue casualidad, y el hecho de que las pasara canutas mientras hacía la rehabilitación era la voluntad de Dios. Recuerdo que estaba a punto de subir a mi habitación cuando algo me dijo que diera la vuelta y me acercara a la orilla. ¡Yo no tendría ni que haber estado allí!

Lo cierto es que pasé por muchas cosas en esa época. Tomé decisiones económicas descabelladas, organizando viajes por todo lo alto y gastando muchísimo dinero en ropa, y todo porque me estaba costando mucho aceptar que Larry estaba empezando a salir con otras personas tras nuestra separación. No estaba atenta cuando esa ola gigante fue directo hacia mí, igual que no me había centrado en recuperarme y en las cosas positivas de mi vida mientras intentaba superar el divorcio. Estaba huyendo de mi dolor en lugar de plantarle cara. Por eso, sé que la lesión de la rodilla fue la forma de Dios de decirme: «Tienes que fijarte más en tu vida y tener más cabeza. Se acabaron las decisiones impulsivas sobre cosas que no están bajo tu control. Para el carro. Da un paso atrás y toma aire. Quiérete y respétate a ti misma». Siempre he creído que todo sucede por una razón, y eso, al final, me ayudó a recuperarme de mi lesión. Me derribaron y también me obligaron a levantarme por mi cuenta, literalmente. ¡Mensaje captado!

CUANDO LA PÉRDIDA TE DEJE POR LOS SUELOS, MIRA HACIA ARRIBA

Cuando sufras porque has perdido salud, te invito a que busques modelos espirituales para que te guíen y te levanten el espíritu. A mí me gusta rezar a San Judas, el patrón de las causas desesperadas y perdidas, y al arcángel Rafael, que es un sanador supremo del reino angélico y cuya función principal es guiar, apoyar y curar en todo lo que atañe a la salud. De hecho, Rafael significa «Dios cura» o «El que cura» en hebreo. Su trabajo es guiarte hacia el bienestar y la recuperación. Esto puede incluir mostrarte ciertas matrículas con algún tipo de señal reconfortante, enviarte mensajes a través de las canciones que ponen en la radio, llevarte a leer libros relacionados con tu problema de salud, lograr que la intuición de tu médico lo guíe en los siguientes pasos de tu tratamiento e incluso mostrarte luces verdes que simbolizan la sanación. Todas éstas son las maneras con las que los Espíritus, especialmente los ángeles y los santos, se comunican contigo cuando te encuentras mal.

Cuando tenemos un día de perros, a lo mejor nos consuela recordar que no estaremos en este cuerpo imperfecto para siempre. Cuando el alma abandona su forma física, se libera de todas las cargas y pesos que arrastra. Dejamos la enfermedad atrás, en ese cuerpo, y nos sentimos en paz y livianos. En los momentos que más lo necesitamos, basta con que cerremos los ojos y nos imaginemos cómo nos sentiremos cuando ocurra. Meditar con esa sensación nos transportará a un espacio celestial que nos liberará temporalmente de nuestro desconsuelo terrenal.

Los Espíritus me cuentan que aquellos que más sufren en la Tierra tienen muchas más posibilidades de graduarse en el Cielo con honores, pues tienen más oportunidades para aprender de sus pérdidas. La empatía, la paciencia, la bondad con los demás son algunas de las lecciones que una enfermedad nos pone delante. Además, es posible que nuestra enfermedad no sólo nos enseñe algo a nosotros mismos, sino también a los que nos rodean. Nunca olvidaré un programa que hice en directo en la zona de Washington D.C. en la que el alma de un hombre fallecido se disculpó con su esposa, aún viva, por las pérdidas a las que ésta se había enfrentado cuando él padeció la enfermedad del Alzheimer. Una gran parte de esta enfermedad degenerativa está relacionada con la pérdida, tanto para la persona que la padece como para el cuidador que la ayuda. Las personas que sufren esta enfermedad se enfrentan a la pérdida de su propia identidad, a pérdidas de memoria y otros problemas cognitivos; también tienen que hacer frente a la pérdida de la capacidad de actuar o de tomar las riendas cuando comienzan a deambular y perderse; tienen problemas para hacer su propia contabilidad y repiten mucho cuando hablan; tardan más en realizar las tareas cotidianas y sufren cambios de personalidad y comportamiento. Los cuidadores también sienten la pérdida a medida que sus seres queridos cambian pues, con el tiempo, pueden ya no parecerse a esa persona que conocían y querían.

Cuando canalicé el alma de ese hombre, me explicó que, cuando estaba enfermo, se quejaba a menudo y le tiraba la comida a su mujer, enfadándose si ella no era capaz de hacer algo por él. Pero una vez que cruzó al Más Allá, aprendió a ser empático y se disculpó, afirmando que era su enfermedad —y no él— la que le había hecho actuar así. Le dijo que la amaba y le aseguró que sabía que había hecho todo y más para ayudarlo. Se lo agradeció por primera vez desde que había caído enfermo e incluso fallecido, y el mensaje pareció como caído del Cielo. La mujer de este señor se había sentido culpable por no haber hecho lo suficiente por su esposo. Siempre pensaba que, si se hubiera esforzado más, él no habría estado tan mal siempre. Ahora que él había fallecido, también se sentía culpable por rehacer su vida y disfrutarla sin él.

Sin embargo, el alma de este hombre se manifestó y la animó a abrazar la vida con felicidad y alegría. Canalizándose a través de mí logró liberarse y liberar a su mujer del peso del duelo con el que ambos habían cargado.

LA GRACIA SIEMPRE ILUMINA CUALQUIER CAMINO DE SUFRIMIENTO

A menudo, los Espíritus permiten que se produzcan acontecimientos espirituales cuando estamos luchando contra una enfermedad, tal vez porque a veces nos parecen tan absorbentes e increíblemente carentes de respuestas. Sucesos como despertares meditativos, visitas de las almas de nuestros seres queridos y visiones del Cielo que nos recuerdan que nuestros guías, ángeles y seres amados siempre intentan hacernos sonreír. Nos reafirman para que sepamos que la vida sigue adelante y que, a pesar de todas las calamidades, siempre hay cabida para que ocurra algo extraordinario. Además, cuando lloramos la pérdida de nuestra salud, Dios siempre está ahí para consolarnos.

Conozco a una mujer, Kelly, que luchó contra el cáncer al mismo tiempo que su hija Olivia se enfrentó a un tumor cerebral maligno. Este doble revés resultó ser por una mutación genética que Kelly había heredado de su padre y transmitido a dos de sus tres hijos. Cuando Olivia estaba enferma, la tía de Kelly, Carol, aprendió a meditar por su cuenta abriendo su corazón, respirando profundamente y sanando viejas heridas. Al poner esto en práctica a diario, le vino la imagen de una cueva. Carol se sintió tan a salvo como en su propio corazón al imaginarse a sí misma dentro de la cueva.

Cuando Carol visualizó la cueva, dibujó lo que vio en su mente y después creó una ilustración de la cueva en un collage alucinante. Compartió su experiencia meditativa y trabajo artístico especial con sus más allegados y creyó que la cueva era un lugar para que todos pudieran congregarse allí con su imaginación y meditar. Dijo que podían ir uno a uno o en grupo siempre que necesitaran apoyo. Aproximadamente un año después de la mediación de Carol, Olivia falleció con cinco años.

Apenas dos meses antes del fallecimiento de Olivia, mientras ésta seguía luchando por su vida, a Kelly le extirparon un tumor. La biopsia confirmó que Kelly tenía un cáncer de tejidos blandos. Un segundo TAC después de la muerte de Olivia reveló un nuevo punto sospechoso en el hígado de Kelly que los médicos sospechaban que era metastásico. Kelly salió de la consulta del oncólogo ahogada por las emociones. Además de luchar contra la culpa y la depresión de haber transmitido la mutación genética que había acabado con la vida de su hija, ahora tenía que lidiar con otros dos diagnósticos de cáncer.

Cuando Kelly se metió en la ducha la mañana después de que su médico le hiciera la segunda exploración, el pánico la invadió. Tenía miedo de que el cáncer se extendiera, de hacer pasar a su familia por un nuevo infierno y de que todo acabara de la peor manera posible, con su muerte. Mientras el agua le caía en la cara, cerró los ojos y se transportó a la cueva que su tía Carol había visitado cuando meditaba.

Y fue entonces cuando sucedió algo increíble: el Más Allá le transmitió a Kelly que todo iría bien. «En mi mente, estaba sentada en la cueva con las piernas cruzadas y contemplando las montañas a lo lejos», contaba. «De repente, noté dos bracitos abrazándome por la cintura, desde la espalda. Supe al instante que era el alma de mi Olivia. Se me cayeron las lágrimas. Me sentí amada y segura, y supe que todo iría bien, pasara lo que pasara. Desde ese momento, la cueva se convirtió en mi propio espacio seguro y un lugar de encuentro con el alma de mi hija».

Esta experiencia demostró a Kelly que los que amamos pueden visitarnos incluso cuando estamos despiertos. «Conocía las señales que envían los seres queridos, como plumas, monedas, música y, en el caso de Olivia, los arcoíris», explicó. «Pero nunca había experimentado una verdadera visitación, sobre todo una que no fuera en forma de sueño».

Kelly estaba entrando en el hospital con su marido para hacerse la biopsia cuando se dio cuenta de que nadie tenía ni idea de lo angustiada que se sentía. ¿Cómo iban a saberlo? No conocían su historia con el cáncer y mucho menos que acababa de perder a su hija unos meses antes. Kelly aguantó la respiración, como le había indicado la enfermera, mientras le introducían la larga aguja para adormecer el acceso al hígado. Un repentino chasquido sobresaltó a Kelly y se le saltaron las lágrimas. «No sabía que la cápsula hepática se sentiría así», contó. «Fue la gota que colmó el vaso y no pude controlar las lágrimas. Mi corazón se disparó e intenté recuperar el aliento tras el llanto, el más desconsolado desde el fallecimiento de Olivia».

A la mañana siguiente, Kelly pensó en la ducha lo aliviada que estaba por haber acabado ya con la biopsia, pero estaba muy nerviosa por los resultados. Al salir y tomar la toalla, volvió a imaginarse en la cueva. Esta vez, estaba de pie y sintió cómo la empujaban suavemente para avanzar y salir de ella.

«Supe que era el alma de Olivia y que intentaba decirme

algo», continuó. «Recuerdo haber sentido miedo por si al salir de la cueva hubiera un acantilado escarpado justo delante, pero en su lugar me encontré con una colina cubierta de hierba. Me tumbé allí con los brazos extendidos y el sol dándome en la cara, con una sensación de libertad increíble. Fue una experiencia muy intensa, de ésas que tienes cuando sueñas despierta, pero este sueño no podía habérmelo inventado yo». Kelly dijo que sabía que Olivia le estaba dando consuelo en un momento de malestar. «El suave empujón de mi hija era un mensaje para que me moviera», dijo. «Me decía que saliera a tomar el sol, que disfrutara de las colinas cubiertas de hierba de este planeta y que viviera la vida. Todavía me quedaba mucho por ver. Todo iba a ir bien».

Mantra: «Puede que no esté bien, pero aún sigo vivo».

Aproximadamente un mes más tarde, Kelly quedó con Carol para reunirse en la cueva a través de la meditación. Carol estaba en su casa y Kelly en la suya. Como la habitación de Olivia se había convertido en el refugio de Kelly —un espacio tranquilo y sagrado donde sólo tenía que ser ella misma—, fue a sentarse en la cama de su hija para reunirse con Carol espiritualmente. Cuando Kelly cerró los ojos y se concentró en respirar profundamente desde su corazón, se encontró en la cueva inmediatamente. Esta vez, estaba fuera, sentada en una roca y con las piernas cruzadas, con vistas a la misma colina de hierba con un impresionante paisaje montañoso. «Olivia llegó dando saltitos por una esquina y se dejó caer en mi regazo como siempre solía hacer», dijo. El alma de su hija volvía a tener pelo (se le había caído durante el tratamiento oncológico) y se la veía sana y feliz. «Nos echamos a reír, y entonces me tomó de la mano y me llevó a la vuelta de la esquina, justo fuera de la cueva. Me detuve impresionada al ver que a lo lejos había miles de personas disfrutando en campos de hierba y flores preciosas». Pensó que Olivia le estaba mostrando la belleza del Cielo y sus otras almas en el Más Allá.

Meses después, Kelly se encontró por última vez con Olivia fuera de la cueva. En ese momento estaba haciéndose una segunda biopsia, ya que los resultados de la primera no habían sido concluyentes. En la mente de Kelly, ella y Olivia rodaban de un lado a otro de la colina cubierta de hierba, pasándoselo en grande. «Hablamos de vernos aquí, en este lugar. Nuestro encuentro fue divertido, relajado y feliz», relató Kelly. «Ahora tengo claro que siempre estaremos conectadas, estemos donde estemos».

Lo que estaba claro es que la cueva que visitó Carol, la tía de Kelly, estaba destinada a albergar a su familia para orientarla y hacerle sentir el amor del Más Allá. Todas las experiencias de la cueva ocurrieron en poco tiempo y en el ojo de la mente de quien meditaba. Gracias a estos conmovedores encuentros, la fe de Kelly ahora es más fuerte que nunca y su sistema de creencias también se ha ampliado. «Parte del viaje de cualquier enfermedad o del fallecimiento de un ser querido es la pérdida de lo que fue», dijo. «Creo que todos podemos recibir mensajes si abrimos nuestro corazón en un espacio seguro y sagrado».

Aunque cargues con una enfermedad, estés por los suelos con tus lesiones y te cuestiones si merece la pena seguir aguantando, aunque sea a rastras, Dios y los Espíritus insisten en que sí, que tienes que seguir. Tanto ellos como todos tus seres queridos en la Tierra necesitan que sigas remando y queriéndote lo suficiente para poder dar con esa sanación tan ansiada.

¡Buen duelo!

Da igual cuál sea el diagnóstico: los Espíritus quieren que exprimas la vida al máximo y que disfrutes de cada día como si fuera el último. A veces, son los profesionales de la medicina los que nos dan ese diagnóstico que nos deja hechos polvo, pero Dios es el único que sabe cómo, cuándo o por qué una enfermedad va a evolucionar.

Anota la última mala noticia que te haya dado el médico y describe cómo te ha hecho sentir. Después, rompe la hoja en trocitos. Tanto de cómo superarás o sucumbirás a una enfermedad depende en gran parte del resultado que realmente desees. Ten fe y demuestra que eres la prueba viviente de lo que se puede conseguir con ese afán de superación. En los peores momentos, nos olvidamos de cuidarnos: regálate una sesión de peluquería, una pedicura o cómprate una bata y unas zapatillas nuevas bien cómodas. ¡Seguro que te hará sentir mejor!

7

CUANDO PERDEMOS
NUESTRA INDEPENDENCIA

La pérdida de nuestra independencia y nuestra libertad puede surgir a raíz de un auténtico drama, como cuando nos convertimos en los cuidadores de alguien enfermo, o a raíz de un acontecimiento feliz, como cuando nos casamos o tenemos hijos y perdemos nuestra independencia porque otra persona depende de nosotros y no podemos salir a tomar algo como antes.

Cuando perdemos nuestra independencia, pasamos por un duelo que inevitablemente nos trae un tsunami de emociones. La frustración, la ansiedad, el miedo, la inseguridad y las dudas se incorporan a nuestro vocabulario sentimental y, aunque nos cueste admitirlo, también podemos llegar a tener rencor por alguien o algo que nos ha arrebatado nuestra independencia. Los Espíritus nos aseguran que ese duelo por el que pasamos no tiene por qué ser fruto del egoísmo, sino de un miedo a perdernos algo en la vida y a darnos cuenta de que sólo somos simples mortales. Si tuviéramos toda la libertad del mundo, podríamos ver todas las películas que quisiéramos, no perdernos ni un solo partido de nuestro equipo de béisbol e irnos de vacaciones a las islas Fiji cuando quisiéramos. ¿Quién diría que no a algo así?

No obstante, recuerda que estamos conectados para toda la eternidad a nuestros seres queridos a través del alma. Aunque no queramos plantarle cara a una pérdida de independencia por culpa de otra persona en este plano terrenal, los Espíritus te recuerdan que cuidar de aquellos con los que tienes un vínculo a través del alma es todo un privilegio. Mi tía, de hecho, es la mejor prueba de esa lección de los Espíritus: cuidó de mis abuelos hasta que ambos fallecieron con cinco años de diferencia. Disfrutaba teniéndolos a su lado y devolviéndoles todo lo que habían hecho por ella cuando habían podido. Cuando mis abuelos murieron, a mi tía la invadió la angustia y se sintió huérfana. Es lógico, pues se había quedado sin propósito vital; para ella, recuperar la independencia no era una bendición. Nunca se sabe: los Espíritus dicen que una situación como la de mi tía podría haber estado escrita antes incluso de que su alma y las de mis abuelos llegaran a este mundo. Las lecciones que uno aprende al perder su independencia pueden ser muy duras, pero nos cambian la vida. Dejan una marca imborrable en nuestro espíritu y perduran incluso después de que la situación haya pasado.

EL BUENO, EL MALO Y EL DESAFORTUNADO

Cuando me convertí en madre, mis hijos eran mi vida entera. Cuando el mayor, Larry, aún era un bebé, el mero hecho de poder darme una ducha era toda una hazaña. Dejaba al niño en su corralito de juegos, delante de la tele, y me escapaba al baño. Después, esperaba hasta la hora de la siesta para secarme el pelo. En ese rato, también me las arreglaba para vestirme. Solía llamar a mi madre, que vivía al lado, para que viniera y vigilara a Larry mientras yo me hacía algo de comer. Tenía crisis emocionales recurrentes porque estaba agotada, sin duchar y hambrienta. Aunque me encantaba ser madre, mi vida anterior se había esfumado y me costó un mundo aceptar la pérdida de mi independencia. También sé que hay muchos padres que se arrepienten de haber renunciado a su libertad para ejercer la paternidad o ayudar a las madres a cuidar de los hijos. De hecho, los terapeutas dicen que el primer año de vida de un niño puede desgastar y poner el matrimonio a prueba. Ambas personas se ven empujadas a asumir un nuevo rol de adulto que las aleja de la libertad que tanto amaron un día.

También podemos perder nuestra independencia sin darnos cuenta, como cuando estamos enfermos, sufrimos un accidente o envejecemos. A lo mejor ya no podemos conducir o asearnos sin ayuda. Pienso en mi abuela materna, Gram, y en lo molesta y frustrada que se debió sentir cuando tuvo que dejar de conducir por la edad. Ya no podía ir de compras o ir a la peluquería por su cuenta, así que se sentía totalmente a la merced de otras personas y su disponibilidad. Además, era muy consciente de cómo el paso de los años había hecho mella en su capacidad para llevar una vida normal. Estoy segura de que, en algún rincón de su ser, cuando mamá la llevaba y recogía de los sitios, Gram se dio cuenta de que cuando envejecemos nuestros hijos se convierten en nuestros padres. ¡Qué frustrante para ambas partes! Los Espíritus dicen que cuando perdamos nuestra independencia y otra persona nos tenga que cuidar, también tenemos que pensar en lo que estará pasando la otra persona. Ten compasión. Desarrolla la empatía. Y dale un respiro. Si quieres llorar, estás en tu derecho, pero no todo tiene que ver contigo. Todos los involucrados pierden algo de independencia.

¿DÓNDE QUEDÓ LA VIDA QUE TENÍAS?

Cuando alguien siente que ha perdido su independencia al cuidar de una persona que luego fallece, el alma del difunto siempre se manifiesta cuando yo la canalizo para agradecer a esa persona que aún sigue en el mundo físico que ha dejado su propia vida en un segundo plano. Agradecen esos sacrificios y reconocen lo mucho que han hecho esas personas por su bienestar. Sin embargo, ver esto al momento es muy difícil, especialmente si la persona a la que cuidamos sufre de demencia o es un niño y no tiene la suficiente madurez como ser consciente de cómo afecta su situación a los demás.

Conozco a una mujer fuerte y con una franqueza poco común llamada Carla, cuya hija Ellie tiene epilepsia médicamente intratable con trastorno del lóbulo frontal. Carla siente un amor infinito por su hija, pero le cuesta procesar lo mucho que ha sacrificado de su propia vida para asegurarse de que Ellie pueda vivir la suya. Ahora tiene dieciséis años, pero a Ellie le diagnosticaron la enfermedad cuando tenía diecisiete meses, así que Carla y su familia llevan ya muchos años lidiando con esta enfermedad y las responsabilidades que implica.

Como cuidadora principal de Ellie, Carla se enfrenta al tremendo impacto que el cuidado de Ellie tiene en sus energías, su propia felicidad y su vida diaria. Por ejemplo, Ellie no puede conducir: «Vivimos en una ciudad donde el transporte público no es muy bueno y Uber ya no permite que los niños de su edad viajen solos, así que depende completamente de mí para desplazarse», me contaba Carla. Ellie tampoco puede manejar su propia medicación, así que todos los días son un foco de ansiedad por si se ha tomado bien los medicamentos: los correctos, la dosis, los horarios... «Y claro, eso lo complica todo: una fiesta de pijamas, los campamentos, los viajes de negocios para mí, la universidad y, finalmente, la vida independiente para ella», añadió Carla. Y aunque Carla y su marido tienen medios económicos para contratar alguna ayuda y poder seguir viajando y trabajando, lo hacen con mucha ansiedad e interrupción.

«Mi mayor miedo es que las cosas nunca cambien», me confesó Carla, «y que Ellie siempre dependa de mí». Y no me refiero a esa forma más pasiva y calmada de dependencia cuando un adulto tiene una discapacidad. Ellie cree que todo va bien y no tiene reparos en decir lo que piensa. Me grita que no necesita mi ayuda, pero claro que la necesita. Este conflicto se me hace muy duro, y salvo que se descubra algún tipo nuevo de cirugía que la cure milagrosamente, nada va a cambiar, lo cual quiere decir que todo será mucho, pero mucho peor cuando acabe a secundaria. Ahora, el colegio y las actividades deportivas hacen las veces de centro de día y le permiten llevar una vida casi normal».

Carla ha tenido que sacrificar un montón de cosas por Ellie. Cuidar de su hija le ha impedido avanzar en su carrera como ella quería, porque siempre tiene que estar disponible en caso de una urgencia, y eso es muy limitante. Carla dice que su marido no tiene que enfrentarse a las mismas limitaciones, pero él esgrime que trabaja mucho para que, en el futuro, si Ellie no es independiente, puedan asumir los gastos.

Para que viera lo agotadores que podían llegar a ser sus días, Carla me explicó que intentaron probar con una dieta cetogénica durante tres meses para reducir los episodios epilépticos de Ellie. «Pasaba seis horas al día preparando su comida», comentaba Carla. «Tenía que mirar todo en la computadora para comprobar la proporción de nutrientes correcta: cuatro gramos de grasa por cada gramo de proteínas y carbohidratos combinados. Tenía que pesar cada ingrediente a una décima parte de un gramo. Poco tenía que ver con la famosa dieta keto que anuncian en la tele y la gente cree estar haciendo bien. Y todo para que, al final, la dieta no funcionara». Y lo que es más: Carla se ha recorrido el país para consultar con distintos especialistas y hacerle a su hija múltiples pruebas para ver si podía ser candidata para esta u otra cirugía (hasta ahora, sin suerte). También ha pasado por varios terapeutas, a ver si alguno podía asistir psicológicamente a Ellie.

Carla dice que la mejor manera de entender cómo es Ellie —en comparación con otros niños de su edad— es imaginarse a un niño de once años matriculado en el penúltimo año de la secundaria. Eso es cuidar de una niña como Ellie. «Sus funciones cognitivas son muy frágiles; no puede marcarse una meta e ir paso a paso para alcanzarla; incluso lo más sencillo, como quedar con una amiga para almorzar algo, ya es todo un reto», afirma. A Ellie también le falta mucho autocontrol, lógica y empatía. Puede montar escenas de niña malcriada en lugares públicos sin tener en cuenta a los demás. Esto último es especialmente duro para Carla, porque, como Ellie no parece visiblemente discapacitada, a veces la gente se la queda mirando como si fuera una madre horrible. Ellie también se ha llegado a marchar de un cuarto con estufa dejando el gas encendido y se ha pasado media hora en la ducha sin lavarse el pelo; también es muy habitual que lleve la ropa del revés. Además, le cuesta procesar que toda causa tiene una consecuencia, por lo que comete los mismos errores una y otra vez y no aprende de ellos, algo doloroso de ver para Carla. Cualquier persona que hable con Ellie suele pensar que es mucho más joven de lo que es.

Esta pérdida de independencia ha afectado la relación de Carla con sus otros hijos y su marido. A veces, su esposo le despierta cierto resentimiento porque es ella la que siempre tiene que encargarse de todo. Él intenta poner de su parte, haciendo, por ejemplo, noches extra en el hospital cuando puede, pero Carla duda que sepa decir qué medicación y qué dosis toma Ellie si le preguntasen. «Se negó a ir a grupos de apoyo y actividades similares desde el comienzo y no quería hablar sobre la niña en términos de epilepsia», comentaba. «Lo hacía con buena intención, pero al final nos pasó factura, porque ahora la discapacidad no forma parte de la identidad de Ellie, y creo que ése es uno de los principales motivos por los que ella no entiende sus límites, como con el tema de ir a la universidad». Carla ha devorado un montón de libros sobre epilepsia y siempre se los ha recomendado a su marido, quien dice que ya se los leerá, pero nunca lo hace. No se informa sobre la enfermedad y no ha demostrado interés en los grupos y asociaciones de apoyo. Carla está que trina.

Para complicar más las cosas en casa, la epilepsia de Ellie también está afectando mucho a su hijo más pequeño, tres años menor que su hermana. Se enfada porque a ella no la castigan como a él. Ellie tiene pataletas de niña pequeña y, cuando él lo ve, sabe que no puede hacer lo mismo y le parece muy injusto. El hijo mayor de Carla, tres años mayor que Ellie, solía sentirse igual. «Ahora que tiene diecinueve, entiende que la vida para su hermana siempre será muy complicada, igual que para nosotros, y que estamos haciendo lo que podemos», afirma Carla.

Todo este drama constante con Ellie, su esposo y sus otros hijos le roba las energías y la paciencia a Carla todos los días, lo que no le permite tener un rato para sí misma y despejarse o salir con amigos; tampoco es que haya mucha gente que se ponga en su lugar y le facilite las cosas. «Nadie lo entiende», me decía. «Me dicen que le dé a Ellie un Apple Watch para tener todos los recordatorios de los medicamentos ahí, o me dicen que todos los adolescentes son así de desastre». Pero Carla sabe que Ellie es distinta y que no puede hacerse responsable del reloj, de cargarlo o de recordar qué le está queriendo decir esa alarma que suena. «Cuando la gente me dice esas cosas, lo único que leo entre líneas es un "No tengo tiempo para interesarme y entender lo que estás pasando"», añadía Carla. «Puede ser desolador. A veces, gente de mi propia familia me suelta cosas así».

Mantra: «Soy más libre de lo que creo.
Sentirse atrapado es un estado mental».

Carla canaliza esa sensación de pérdida de libertad e independencia sobre todo con resentimiento y tristeza, porque se lamenta por la niña que podría haber sido Ellie y por la mujer que ella misma podría ser si no hubiera tenido esa responsabilidad tan especial. Para afrontarlo, Carla sale a correr, va a terapia y se toma unas cuantas cervezas de más. Evita las situaciones que sabe que van a alterarla, como ir a la iglesia o de compras con Ellie, y evita hacerse amiga de madres con hijas de la misma edad porque le duele ver a esas niñas madurar. «Hay padres que dicen que todo ocurre por algo o que aprenden más de su hijo discapacitado que su hijo de ellos, y que no lo cambiarían por nada, pero yo no lo siento así», dice.

Cuando escuché la historia de Carla, los Espíritus me transmitieron que, a pesar de las limitaciones a las que se enfrenta en su vida, a Carla le vendría bien centrarse en lo que sí puede hacer con su familia y no tanto en lo que no puede hacer sola, y valorar el tiempo que pasa con su hija, por mucho que le cueste. De hecho, los Espíritus me decían que si Ellie no estuviera enferma, madre e hija no estarían tan unidas, y sin entrar en grandes detalles, hay otras razones kármicas que explican ese vínculo tan entrelazado. Los Espíritus le dan una importancia especial a las relaciones familiares, y creen que es bueno que Carla, en cierto modo, dedique su tiempo a Ellie. También se fijaron en lo fuerte que es Carla, y que esa situación ha redefinido el propósito de su vida. Y aunque tal vez Carla no pueda ayudar a Ellie tanto como desearía, sí que puede ayudar a otras personas en una situación similar transmitiéndoles todo lo que ha aprendido sobre la epilepsia. Es increíble que Carla haga todo eso por su hija y que no haya tirado la toalla nunca, aunque ocasiones no le han faltado.

RECUPERAR TU VIDA

Si una situación te hace perder tu independencia o libertad, incluso si es por una causa noble o trae consigo algún tipo de recompensa, los Espíritus dicen que tenemos que cuidarnos mucho mientras pasamos por el proceso. Si no nos damos una tregua para desahogarnos y poner distancia con aquello que nos apesadumbra, el duelo por el que pasaremos cuando todo estalle nos sacudirá el espíritu de arriba abajo. También dicen que incluso los esfuerzos más pequeños pueden marcar la diferencia: hazte una pedicura o date un paseo una vez a la semana; si hace sol, sal con tu manta y ponla en la hierba, quítate los zapatos y disfruta del día. Movernos o meditar, según la falta o acumulación de energía que tengamos, también nos ayudará a vivir el momento presente y a retomar el ritmo que nuestra mente, cuerpo y alma tanto necesitan. Busca siempre formas de recuperar la alegría para no sentir que te estás perdiendo de la vida que deseas, versus la que podrías sentir que te han impuesto de forma injusta.

¡Buen duelo!

Haz una actividad que te haga sentir esa libertad que tanto ansías. Monta en bici y déjate llevar cuesta abajo por una colina; date un paseo con el pelo al viento en un descapotable; queda con un amigo para comer sin estar pendiente del reloj. El objetivo es recordarnos a nosotros mismos quiénes somos cuando nos sentimos libres y sin ataduras.

8

CUANDO PERDEMOS LA SENSACIÓN
DE SEGURIDAD Y FAMILIARIDAD

Los Espíritus dicen que perder la sensación de seguridad también nos hace perder la de familiaridad, y viceversa. Sentirnos seguros con un estilo de vida, un entorno o una rutina diaria que reconocemos como propia es vital cuando nos enfrentamos a una pérdida de comodidad y bienestar. Por eso, muchas de las situaciones que menciono en este libro, desde los divorcios hasta las pérdidas económicas, nos pueden llegar a transportar a un lugar que nos resulta extraño. La pérdida de un ser querido o de una mascota también puede hacernos sentir así, sobre todo cuando la muerte llega de golpe y sin avisar. Todas estas circunstancias pueden hacernos sentir como si estuviéramos viviendo un sueño extraño o una auténtica pesadilla, o incluso que hemos intercambiado el cuerpo con alguien y que ahora estamos viviendo la vida de otra persona. Perder la seguridad y la familiaridad es sinónimo de sentirse sobresaltado y en guardia siempre, día y noche. Por eso, los Espíritus nos recomiendan que pongamos en práctica rutinas que nos ayuden a reemplazar esa sensación de vulnerabilidad con una de autoestima.

CUANDO TE SIENTES DE TODO MENOS SANO Y SALVO

La sensación de seguridad se pierde muchas veces con los traumas, tanto si nos vemos afectados directamente por un suceso horrible, como si nos enteramos de él por otras personas o en los medios de comunicación. Sin duda, los acontecimientos sobrecogedores, como el 11 de septiembre, el huracán Katrina y los tiroteos masivos, marcan profundamente a las comunidades directamente afectadas, pero también unen a las personas que se enteran de estas tragedias por las noticias. Estos sucesos tan dolorosos están llenos de pérdidas, pero los Espíritus afirman que lo que primero nos atraviesa es un sentimiento de inseguridad que no logramos identificar. De hecho, con el tema de perder la seguridad y la familiaridad me viene a la cabeza la letra de la canción «I Feel the Earth Move», de Carole King: *Siento que la tierra se mueve bajo mis pies, siento que el cielo se derrumba.* Sí, cierto, King se refería al sentimiento de enamoramiento, algo que también nos demuestra que se puede perder la estabilidad si nos ocurre algo positivo, como enamorarnos. Pero en este tema que nos ocupa también tiene mucho sentido: perder la seguridad puede hacernos sentir desorientados y que ya no pisamos en tierra firme; que estamos a punto de que la tierra nos trague a la vez que el cielo nos aplasta sin piedad.

Sentir una falta de seguridad y familiaridad después de un trauma me recuerda al caso de una mujer llamada Wendy, que toda la vida se sintió increíblemente insegura en su propio hogar, una familia disfuncional con una dinámica constante de abuso. Tuvo que suceder algo milagroso para replantearse la importancia de la protección divina.

Desde que era una niña, Wendy soportó «infinidad de abusos, ataques de ira fruto del alcoholismo y un sinfín de mentiras dirigidos a ella», contó. Su madre, una alcohólica y narcisista con un trastorno límite de la personalidad, era la que peor la trataba, aunque el padrastro de Wendy, que no hacía nada para parar a la madre, también contribuyó. «La maldad y el dolor que me infligían me resultan incomprensibles», me dijo. «Me sentía como si fuera una droga para mi madre, pero de las malas. Siempre me menospreciaba, me abofeteaba, me hacía llorar y mentía sobre mí; cuanto más lo hacía, más adicta a ello se volvía. Cuanto más caos, odio y tristeza pudiera sembrar, mejor».

Wendy venía de una familia adinerada y con una buena imagen pública, por lo que para los desconocidos su madre «era una mujer bellísima que vestía bien y que tenía una casa preciosa y una vida perfecta. Sin embargo, de puertas para dentro, todo era una auténtica pesadilla». Wendy era el blanco perfecto de su madre, quien le decía a diario que era fea, que estaba gorda, que olía mal y que no tenía amigos. «Si le decía que me gustaban los perros, ella decía que yo a ellos no», cuenta Wendy. «Cuando me votaron como la más simpática de la clase, me dijo que a nadie le importaba y que ella sí había sido la reina del baile y yo no». Por si fuera poco, la madre de Wendy la acusaba a menudo también de robar, mentir y romper cosas en la casa, y el padrastro de Wendy se lo creía sin rechistar.

A pesar de tener un gran poder adquisitivo, los padres de Wendy la privaron de las necesidades básicas que todo niño necesita. Su madre nunca tenía comida en casa, y Wendy se veía obligada a sobrevivir con muy poco: «Las tostadas con Miracle Whip me salvaron la vida». Como rara vez le compraban ropa, Wendy aprendió sola a coser para poder remendar los agujeros de su ropa y a añadir paneles de tela a los bajos de sus pantalones para convertirlos en vaqueros acampanados. Aprendió a esconder todo aquello que le importaba, ya fueran personas u objetos preciados: libros, joyas, lápices de colores... incluso a sus hermanos menores, a los que siempre protegió ante los constantes abusos.

«Sobreviví como buenamente pude», contó. «Llevaba una vida muy dura y solitaria, con mucho sufrimiento. Por la noche, lloraba hasta la extenuación, preguntándome si había alguien que me quisiera». La atroz y desgarradora infancia de Wendy la hizo sentir constantemente desprotegida, por lo que le costaba creer que algo divino pudiera protegerla o guiarla, y menos aún Dios.

Hace unos años, Wendy decidió cortar todo contacto con su familia y poner tierra de por medio para proteger también a sus dos hijos pequeños y evitarles ese ambiente de abusos reiterados; una pérdida más de las tantas que ya había sufrido a lo largo de su vida. «Esa ruptura fue sin duda lo más duro que había vivido hasta ese momento. Llorar por personas que aún siguen vivas pero que son tóxicas para ti no es fácil. El dolor es desgarrador. Es como si sintieras un gran peso constante sobre tu corazón», añadió.

Por entonces, Wendy vivía a las afueras de Chicago, en la zona norte, con su marido y sus dos hijos, James y Emma. Un día estaba llevando a los niños en el coche y éstos se quedaron dormidos. Aparcó en un solar pegado a una carretera muy transitada y aprovechó para leer un libro mientras ellos descansaban. Solía llevar un libro en el coche por si podía leer en el asiento delantero hasta que se despertaran. Cuando su hijo se desperezó, Wendy dio por concluido su rato de descanso y se reincorporó al tráfico para dirigirse a casa.

Fue justo entonces cuando los Espíritus le mandaron un mensaje a Wendy. «Estaba en el semáforo, esperando a que la flecha verde se pusiera verde para girar a la izquierda», dijo, «y justo cuando se encendió y levanté el pie del freno para reiniciar la marcha, alguien o algo me dijo: "Pásale un libro a James"». Wendy me dijo que escuchó la voz en su cabeza, casi como si fuera algo instintivo. «No le di muchas vueltas y me dejé llevar por lo que sentía».

En lugar de girar a la izquierda, Wendy volvió a pisar el freno y cogió el libro del suelo del coche. De repente, como de la nada, un camión de dieciocho ruedas cruzó la intersección, justo delante del coche de Wendy. El conductor, que salía de la autopista conduciendo a gran velocidad, no vio el semáforo en rojo y atravesó directamente el cruce por el que Wendy había estado a punto de girar segundos antes. «Si hubiera girado a la izquierda en ese semáforo, el impacto habría sido tan fuerte que nos habría embestido y habríamos muerto», dijo. «Aparqué el coche y me puse a llorar sin parar. Alguien ahí arriba nos salvó la vida ese día».

Desde entonces, Wendy afirma haber recuperado la fe y cree que Dios los protege a ella y a sus seres queridos en el Más Allá. Teniendo en cuenta su pasado, no podía creer que «alguien, en algún lugar, quisiera que siguiera viva. Alguien me quería y se preocupaba por mí tanto como para salvarnos de ese accidente. Eso me dio esperanzas para seguir adelante, esforzarme al máximo y ver la vida como una bendición». Ha recuperado sus ganas de vivir y su fe en Dios. Es más, Wendy dice que se ha prometido a sí misma devolver esa confianza que han tenido en ella, así que ahora, cuando se siente triste o piensa en los abusos que ha sufrido, hace algo por los demás. Cada vez que llora, le lleva un regalo a una persona, le hace un cumplido a un desconocido o le paga el café a alguien. «Intento vivir con agradecimiento y ser una luz en el camino de los demás», dice. «Combato la tristeza y el dolor con la risa y el amor. Quiero convertir mi historia en algo positivo».

Cuando Wendy me contó esta historia tan terrible como conmovedora, tuve el fuerte presentimiento de que la figura de una de sus abuelas la salvó, y Wendy me confirmó que la madre de su padre biológico, quien perdió la custodia de Wendy cuando era niña, estaba en el Más Allá. Wendy nunca la conoció, pero no dudaba que pudiera ser una de sus grandes protectoras. «Sea quien sea, le estoy muy agradecida», dijo. «Ese día también les salvaron la vida a mis pequeños». Wendy también tiene claro que, como se había sentido insegura toda la vida, los Espíritus quisieron demostrarle que no sólo hay otros que la aman y la guían, sino que la protegen con todo su ser.

CUANDO NADA TE RESULTA FAMILIAR

Comenzar la universidad, perder un trabajo... todo puede crearnos una pérdida de familiaridad muy dura de superar. Nada es igual, y podemos acabar sintiéndonos impotentes y asustados. Además, cuando nos dejamos invadir por esas emociones, los Espíritus saben que podemos llegar incluso a pensar: *¡Imposible, esta no es mi vida!* Recuerdo que, cuando me rompí el ligamento cruzado anterior, tuve que llevar zapatillas deportivas en el escenario para mis eventos en vivo. Ese sentimiento extraño y nada familiar me hizo sentir muy mal. Y sé que puede parecer una tontería en comparación con lo que tú u otros están viviendo, pero cada vez que me ponía esas zapatillas, lo que ese calzado significaba para mí —un problema de salud estrechamente relacionado con la pérdida de una vida familiar y cómoda con mi exmarido, Larry— me ponía increíblemente triste.

Mantra: «Puede que me sienta perdido
y confundido, pero soy resiliente».

Una de las formas más comunes de perder esa sensación de familiaridad es cuando perdemos a un ser querido por fallecimiento. Los Espíritus creen que una de las mejores formas de continuar sin esa persona es rendirles homenaje y dar a conocer sus almas a otras personas aún vivas. Y es que no hay nada más familiar que recibir señales alucinantes que te recuerdan la maravillosa vida que una vez compartiste con una persona y alma a la que todavía amas. Y con esto me viene a la mente una historia preciosa sobre una mujer llamada Allison, cuyo marido, Adam, murió de un repentino ataque al corazón después de volver de jugar al tenis. Adam sólo tenía cuarenta y siete años.

«Cuando Adam murió, mis tres hijos, Andrew, Austin y Addison, sólo querían estar con amigos que también hubieran pasado por la muerte de un ser querido», me dijo. «Sentí en lo más profundo de mi ser que si no me comprometía conmigo misma y les daba ejemplo para mostrarles que el mundo es un lugar seguro, a mis hijos les parecería un gran desafío creerlo. Necesitaba transmitirles seguridad y familiaridad, tanto a ellos como a otros niños, precisamente en el momento que menos parecía haberla».

Para ayudar a familias como la suya a recuperarse, Allison creó la Adam's House, un centro que conciencia sobre el duelo y el apoyo mutuo a los niños y familias de Shelton (Connecticut) que se enfrentan a ese tipo de tragedia. Allí, las familias se reúnen para recibir apoyo de sus compañeros y aprender nuevas estrategias para afrontar la pérdida, ya sea de un familiar o de un amigo. Todos los programas son gratuitos para las familias, ya que el objetivo de la fundación es ayudarlas a sobrellevar su pérdida para que puedan volver a vivir su vida al máximo.

Aunque Allison sufría profundamente la pérdida de familiaridad y seguridad en ese momento, una serie de acontecimientos fortuitos y señales que le enviaba el alma de Adam la ayudaron a seguir centrada en su objetivo de abrir la Adam's House. Una de las señales más sorprendentes le llegó durante un partido de béisbol, al que fue emocionalmente difícil para la familia asistir ya que Adam había sido el entrenador y adoraba este deporte.

«La determinación y el compromiso que sentía mi hijo Addison de honrar a su padre practicando el deporte que su padre tanto amaba me emocionó», dijo. En algún momento, mientras veía el partido, Allison buscó en su bolso la cámara para tomar una foto de Addison en el montículo del lanzamiento. «En mi cabeza, escuché "Toma la foto", y eso hice», contó. «Y cuando Addie la subió a la computadora, gritó: "¡Ay, mamá, MIRA ESTO!"». En la foto, se puede ver claramente un aura preciosa e inmensa en el centro de la imagen. «Lo que más me gusta es que haya un corazón azul justo encima de Addison», relataba Allison. «Puedo ver la cara de Adam justo a la izquierda del corazón».

Allison envió inmediatamente la foto a su hijo mayor, Andrew, que estaba en la universidad. Al día siguiente era su cumpleaños, lo cual era más que una coincidencia. «Le escribí: "Sé que echas de menos a papá, pero como mañana es tu cumpleaños, ¡sabes que estará allí! Esta foto es un regalo para todos nosotros, pero el momento me dice que es especialmente para ti"». En aquel momento, Allison seguía enfadada con Dios por la muerte de su marido, pero la foto le dio el consuelo y la seguridad de saber que el alma de Adam estaba con su familia. También le ayudó a confiar en que se estaba desarrollando un plan mayor para la Adam's House.

El alma de Adam envió otra señal tranquilizadora después de que Allison encontrara el espacio perfecto para la Adam's House y los compradores volvieran a pedir una fecha de cierre el 2 de marzo, el cumpleaños de su difunto marido. «Sentí que era el sello de aprobación de Adam, que intentaba decirme que habíamos elegido la casa correcta y que el programa ayudaría a mucha gente», dijo. Después, cuando ya estaban reformando el lugar, un estudiante encontró una página de periódico en la pared del cuarto de baño: era la portada de un antiguo ejemplar del *Philadelphia Inquirer* con fecha —seguro que ya se lo veían venir— del 2 de marzo. Ojo, que la Adam's House está en Connecticut, no Pensilvania, aunque la fundadora de un programa similar, la Olivia's House, y su hijo, que fueron los mentores de Allison cuando ésta puso en marcha su programa, eran del estado Keystone. Otra casualidad que parecía venida del Cielo. «Con esas señales, esos mensaje y fotos tan necesarios, ganamos confianza y la Adam's House se convirtió enseguida en un espacio seguro y familiar. Nos sentimos respaldados por fuerzas del Más Allá».

Pero la intervención espiritual de Adam no se acabó ahí. Cuando la compañía telefónica fue a la Adam's House para conectar la televisión y el teléfono, un técnico llamado Nestor se puso a toquetear las cajas para comprobar cuáles estaban obsoletas y cuáles servían. Cuando llegó a la última, Allison recuerda que Nestor le dijo: «Ésta es para la conexión principal del teléfono; úsala si llamas a Addison». Tanto Allison como el propio Nestor se quedaron de piedra al momento, porque Nestor nunca había visto a Addison, el hijo de Allison, ni conocía a nadie con ese nombre. Y así lo confirmó él mismo: «Ni siquiera conozco a ningún Addison. Es como si alguien me hubiera metido ese nombre en la cabeza y me hubiera empujado a decirlo». ¿No les parece alucinante? Ante lo desconocido, no hay nada más reconfortante que volver a oír a aquello que fue una constante en nuestra vida.

CONSEJOS PARA UN ENRAIZAMIENTO MENTAL Y ESPIRITUAL

Cuando sentimos que nuestra seguridad y familiaridad flaquean o desaparecen, los Espíritus insisten en que te apoyes precisamente en eso que te falta, la familiaridad y la seguridad, y que consideremos la visualización y el diálogo interior como nuestros grandes aliados. En cuanto veas indicios de una emoción negativa, los Espíritus sugieren que repitas inmediatamente en tu cabeza las palabras «para, para, para» y que luego sustituyas ese pensamiento inseguro o desconocido por otro que te transmita paz. Por ejemplo, puedes cerrar los ojos e imaginarte en una casa o en una playa, rodeado de ángeles o cerca de un ser querido que aún está en este mundo. También puedes mirarte al espejo y reafirmarte como esposa, madre, amiga, etc.

Me separé de Larry al mismo tiempo que lidiaba con la perimenopausia (¡menudo dos por uno!) y no conseguía reconocerme a mí misma. No sabía qué iba a pasar conmigo, por lo que me sentía insegura y sin capacidad para controlar las cosas. Tuve que aprender a independizarme y a cuidar de mí misma, algo que siempre da mucho miedo. Para amarme y respetarme de una forma que me permitiera vivir el presente, me miraba en el espejo y me recordaba a mí misma quién era y lo que significaba para otras personas, incluso cuando yo misma, mi propio mundo y mis hormonas estaban desatadas y me desubicaban por completo.

Esta práctica también funcionó cuando me rompí el ligamento anterior cruzado. Cuando pasó, estaba muy lejos de casa, así que me sentí tremendamente insegura y en territorio desconocido. Antes de convertirme en médium profesional, sufría una ansiedad atroz. No quería salir de casa y rara vez me iba de compras o de fiesta. Me gustaba quedarme en casa, que era mi refugio. Sin embargo, mientras estaba en Hawái, salí de mi zona de confort... diría que incluso más de lo que debía. Me estaba divorciando, vivía en el autobús que nos llevaba de gira, sufrí una lesión importante estando a doce horas de avión de mi casa... pero no tenía ansiedad porque contaba con una increíble herramienta que me proveía la estabilidad mental que necesitaba.

También podemos buscar apoyo en figuras de fe que nos reconforten. La Virgen, Buda y Santa Teresa de Lisieux, patrona de los misioneros, de los floristas y de los enfermos, son figuras que me reconfortan cuando pierdo el rumbo. No obstante, si nuestras pérdidas son especialmente duras, lo mejor es que acudamos directamente a Dios, pues al final es Él es quien tiene el control de todo. Nos puede hacer sentir seguros y devolvernos el control muchísimo más rápido que cualquier otro ser celestial.

Por último, cuando se trata de algo relacionado con la falta de continuidad y seguridad, los Espíritus recomiendan que pongamos en práctica una rutina diaria que nos haga recuperar esa sensación de familiaridad. Podemos, por ejemplo, imaginarnos llenos de luz o dentro de una burbuja de luz blanca durante nuestra meditación diaria o bien establecer nuestro propio ritual de oración cada mañana para conseguir esa santidad que tanto necesitamos. A veces, también hablo con Dios, incluso en la ducha por la mañana, porque es un momento tranquilo en el que mi mente está relajada y puedo comunicarme con ese poder superior y mostrarme receptiva a lo que necesita decirme para que yo recupere la calma.

¡Buen duelo!

Escoge una actividad que te haga sentir inseguro por una pérdida diaria o el fallecimiento de un ser querido. Algo como conducir tras sufrir un accidente de coche o salir a comer solo por primera vez tras el fallecimiento de tu cónyuge. Siempre con la idea de crear «un nuevo entorno familiar», proponte hacer pequeños progresos para conseguir hacer actividades por tu cuenta. Si tiene que ver con conducir, comienza por cruzar lentamente la calle con el cinturón puesto; si es salir a comer por tu cuenta, anímate a pedir primero un café en tu *diner* del barrio, sin quedarte a comer. Si vas despacio y con buena letra, conseguirás tu objetivo en menos de lo que canta un gallo.

9

CUANDO PERDEMOS NUESTRA CASA

*D*ejar o perder un hogar, o bien una parte de él, puede ser una prueba emocional muy dura de asimilar. Tanto si la situación está en tus manos como si no puedes controlarla, los Espíritus dicen que sufrirás por lo que has vivido en ese lugar y lo que está vinculado a él: personas, mascotas, sentimientos... Al fin y al cabo, un hogar es una especie de cápsula del tiempo y un reflejo contenido de un pasado muy querido.

La expresión «hogar, dulce hogar» siempre da en el clavo: si les tenemos cariño a esas cuatro paredes, está claro que disfrutaremos de ellas y de los recuerdos que traen consigo. Una casa nos cuida y protege de la forma más literal posible, pero también ocupa un lugar muy especial en nuestro corazón cuando hacemos de ella nuestro hogar. Por eso, cuando nos quedamos sin ese hogar que tanto amamos una vez, la pérdida puede parecernos devastadora. Además, cuando perdemos ese «hogar, dulce hogar», también lloramos la pérdida del entorno que lo caracterizaba: los vecinos, el jardín, la ubicación y todos los detalles que contribuyeron a esa vida que construimos mientras vivíamos en ese lugar y momento.

¿QUÉ ATESORA UNA CASA?

Hay muchos motivos por los que podemos perder una casa. Puede que decidamos venderla o que la perdamos por un desastre natural, como un huracán, un incendio o una inundación. La casa puede dejar de ser nuestra debido a una ejecución hipotecaria, un divorcio o un fallecimiento. Casarse, aunque sea un motivo de alegría en la vida, también puede tener su parte agridulce: cambiar de casa. Y la mudanza duele aún más cuando nos marchamos de esa casa tras haber sufrido una pérdida —como la muerte de un ser querido o una separación—, porque primero tenemos que procesar esa pérdida previa y luego la de nuestra casa.

Para muchos de nosotros, un hogar es sinónimo de seguridad y estabilidad. Puede ser un refugio y un lugar donde surja el amor. Es donde pasamos la mayor parte del tiempo en familia. Un hogar está lleno de rincones donde podemos ser nosotros mismos. En sus mejores momentos, es un espacio seguro, bello y repleto de recuerdos donde hemos construido nuestra vida y hemos evolucionado (y seguimos haciéndolo).

Cuando sufría ansiedad, detestaba salir de casa porque era mi refugio. Sin embargo, mi madre siempre me recordaba que mi lugar seguro era yo misma, no mi casa. Me decía que yo era la que tenía la capacidad de decidir lo que era seguro y lo que no, y que si consideraba mi interior como el verdadero lugar donde siempre iba a sentirme segura, nunca lo perdería. Ningún incendio podría quemarlo, ninguna crisis financiera me obligaría a abandonarlo. El mejor lugar para sentirnos seguros y como en casa somos nosotros mismos.

SALVA LO QUE PUEDAS Y CÉNTRATE EN EL FUTURO

Cuando perdemos nuestra casa, los Espíritus entienden perfectamente lo dura que es la pérdida; sin embargo, también hacen hincapié en que nos centremos en todos los aspectos positivos que podamos sacar de ella. Si una catástrofe natural o un incendio se han llevado por delante nuestra casa, lo importante es pensar que nosotros estamos sanos y salvos. Agradezcamos lo que hayamos podido salvar y evitemos obsesionarnos con lo que hemos perdido. Antepongamos las bendiciones a la destrucción. A lo mejor hemos conseguido salvar la vajilla de la abuela, el álbum de bodas de nuestros padres o la manta que nos hizo nuestra tía abuela; o a lo mejor lo único (y más importante) que se salvó fueron vidas. Sea como fuere, los Espíritus insisten en que eso debería parecernos más que suficiente. Mientras se tengan los unos a los otros, cualquier familia podrá crear nuevos recuerdos.

Conozco a una mujer llamada Jen cuya casa se incendió cuando tenía apenas catorce años. El perro de la familia le dio al botón de encender el horno por accidente, cuando intentaba lamer una bandeja de microondas con tocino que habían dejado enfriar encima. Todo acabó en llamas. La familia de Jen perdió la mayor parte de la casa y casi todas sus pertenencias se estropearon por el calor, el humo o los daños causados por el agua de las mangueras de los bomberos. Los únicos objetos que salvaron fueron los adornos de Navidad y las fotos familiares. Los voluntarios y los obreros trabajaron sin descanso para que la familia pudiera volver a su casa a tiempo para las fiestas. Las asociaciones locales y de la iglesia también se unieron para ayudar y los vecinos acogieron a los cinco miembros de la familia durante la reconstrucción. Además, donaron parte de su tiempo, dinero y pertenencias para asegurarse de que todos tuvieran una cama donde dormir y ropa para vestir.

A pesar de esto, el incendio le dejó a Jen una profunda cicatriz emocional. «Que tu casa se incendie es increíblemente traumático. Es lo más aterrador que he experimentado en toda mi vida», dijo. Como Jen era la única persona que estaba en la casa en ese momento, llamó a emergencias. Aún recuerda el calor de las llamas, todos los olores y sonidos fruto del fuego («crujidos de la madera, cristales rotos») y, hasta el día de hoy, sigue teniendo secuelas psicológicas. Más de veinte años después, Jen recuerda la tragedia todos los primeros de mayo (el Día del Trabajo). Reza una oración por cada camión de bomberos que pasa por la calle y ayuda económicamente a las familias que pasan por la misma pérdida.

A Jen la ha ayudado mucho darle una perspectiva positiva a lo ocurrido y centrarse en lo que la familia pudo salvar y recuperar. En aquel momento, se apoyó en su madre, que falleció por un cáncer de mama tiempo después. Jen la describe como una «mujer increíblemente positiva, cariñosa y sabia. Siempre me contaba que las cosas pueden sustituirse, pero que las personas no». También la tranquilizó diciéndole que la casa tenía treinta años y que había que cambiar el tejado, los electrodomésticos y otras cosas que no habrían podido permitirse, así que este suceso era una especie de bendición disfrazada, porque «el seguro cubrió muchas de esas grandes mejoras, como la cocina de los sueños de mamá y un nuevo porche cubierto».

Mantra: «Yo soy mi lugar seguro;
soy mi hogar, soy mi templo».

Lo más curioso es que, durante toda su vida e incluso antes de ocurrir todo aquello, Jen soñaba con lo que haría en un incendio, casi como si los Espíritus la estuvieran preparando para el trauma y la consecuente pérdida. «De niña, tenía pesadillas en las que mi casa se incendiaba», dijo. «Conocía todas las vías de escape de la casa y sabía que tenía que tomar los álbumes de fotos, que estaban colocados en un armario junto a la puerta principal, por si acaso. Lo que está claro es que estaba preparada. Cuando se produjo el incendio, fue como si ya lo hubiera vivido; salí de la casa extremando las precauciones y después avisé a las autoridades».

Jen no le desearía un incendio ni a su peor enemigo, pero el universo le dio las herramientas que necesitaba para salir adelante. Los Espíritus dejan claro que eso no fue una coincidencia, sino una protección enviada desde el Más Allá.

VOLVER A CENTRARSE, RECONSTRUIRSE Y REGOCIJARSE

La transición de un hogar a otro es un buen momento para meditar sobre cómo nos gustaría reconstruir tanto nuestra vida como nuestro hogar. Aunque no podamos hacer la mudanza «perfecta» de inmediato, podemos pedir a los Espíritus que nos guíen hacia ella. Para ello, los Espíritus nos dicen que visualicemos, durante las meditaciones en silencio, cómo nos gustaría que fuera nuestro hogar definitivo. Mientras lo hacemos debemos poner todos los sentidos posibles. ¿Cómo es la distribución de la casa? ¿Cómo huele? ¿Qué colores vemos? ¿Qué música suena de fondo durante una tranquila mañana de sábado? ¿Querríamos tener una amplia terraza con un bonito columpio antiguo en el porche o la piscina infinita de los sueños de nuestra pareja? Debemos ser específicos, porque los Espíritus honran los detalles. Hagamos realidad este proyecto con su ayuda. Pidámosle a Dios, a los ángeles, a los seres queridos del Más Allá y a otros seres espirituales que nos guíen de forma clara y directa para poner esta casa en nuestro camino. Una casa que tenga todo el confort, la seguridad y la estabilidad de nuestro antiguo espacio, además de las cualidades actualizadas que nos gustaría tener en la nueva. Pensemos en esta experiencia como una oportunidad para reinventar y empezar de nuevo.

Independientemente del lugar en el que terminemos, la mudanza de un hogar es una lección de cómo dejar ir. Aferrarse a los recuerdos, pero sin entretener pensamientos de «debería haber sido, habría sido, podría haber sido». Nuestra vida ahora mismo es lo que es, y creo que lo que no nos mata nos hace más fuertes. Eso incluye perder un hogar y vernos obligados a redescubrir lo que nos hace sentir rodeados de alegría.

Cuando una catástrofe natural se lleva por delante nuestra casa, no nos queda más remedio que dejar marchar ese lugar y todos los recuerdos tangibles que albergaba. Conozco a una mujer llamada Amy que tenía cuarenta y cuatro años cuando su casa de la infancia quedó destruida por el incendio de Tubbs en octubre de 2017 en Santa Rosa, California. «Mis padres se estaban preparando para ir a dormir cuando olieron el humo y vieron toda la línea del horizonte en llamas», me contó Amy. «Los árboles más grandes de nuestra propiedad —robles, pinos, abetos— empezaron a desmoronarse. Mi madre tomó algunas pertenencias y se fueron directo a Santa Rosa. Todo el horizonte de la zona norte estaba en llamas. Huyeron con lo puesto, cortando con una motosierra y con la ayuda de sus vecinos el árbol caído de un camino de evacuación cercano». Había pasado una semana desde que sus padres no habían podido acceder a su casa y Amy se enteró gracias a la tecnología por satélite de que había desaparecido. «Tuve que llamar a mis padres para darles la noticia», dijo.

Amy sufrió una tremenda pérdida, ya que esa casa había tenido un gran significado para ella. «Nací y crecí en esa casa», dijo, «y tenía un significado cultural para mí como japonesa-americana y el bullicio de la actividad nipona que siempre surgía de ella ya que mi madre es profesora de danza japonesa y de la ceremonia del té japonés. Había acontecimientos anuales en torno al calendario cultural japonés que hacían de nuestra casa un lugar de reunión para estudiantes, familiares y amigos, incluidos el Año Nuevo, el Día de las Niñas y la apertura del hogar en invierno para la ceremonia del té. Ese hogar me hizo ser quien soy hoy, y aunque he vivido por todo el mundo, sigue siendo la forma en que me identifico».

Amy dijo que se sentía tan unida a la casa porque recuerda haber jugado durante horas al aire libre entre las hadas de los árboles, haber horneado «pasteles de tierra» y montado en bicicleta hasta el anochecer. «Mi casa era el centro de mi corazón y de la increíble crianza que me ofrecieron mis padres», dijo. «Representaba la libertad y el amor, y me enviaba al mundo con seguridad y confianza en mí misma. Mi dolor por la pérdida de ese hogar es muy profundo».

La familia de Amy no pudo salvar más que algunas joyas, todas ellas dañadas por las altas temperaturas. «Perdimos casi todo: fotos de infancia, objetos de origen japonés y reliquias familiares. Soy mitad japonesa, y la casa de mis padres es un testimonio de mis diversas raíces culturales». Amy me contó que su casa era como un «pequeño museo japonés», lleno de magníficas antigüedades, cientos de kimonos, pelucas de danza japonesa hechas a medida y preciosas piezas de la ceremonia del té traídos desde Japón. Su padre también perdió su colección *amateur* de fotografías, de cámaras antiguas y de relojes, entre otras cosas. Los padres de Amy volvieron al lugar en repetidas ocasiones para buscar el anillo de diamantes de su abuela, pero quedaba poco más que ceniza y tierra.

Para conmemorar el lugar donde creció, Amy ha rendido homenaje a los bosques de Santa Rosa en su página web, con citas sobre su tierra y fotos de ella caminando cerca de su casa por bosques similares a ese lugar. Comentó que «cuando mi lugar de la infancia dejó de existir, creé un "hogar" propio en Internet».

Amy se pasó más de un año tras el incendio sin poder hablar de lo sucedido sin romper a llorar o tener pesadillas. También tenía un doloroso hombro colapsado, algo que a menudo está asociado a un episodio de estrés extremo, que empeoraba conforme sus pesadillas se intensificaban. En sus sueños, Amy recorría su casa de una forma muy vívida y se despertaba con lágrimas en la cara al darse cuenta de que había desaparecido. También soñaba que estaba atrapada en la parte de atrás de la casa y que no podía escapar. Cuando sus sueños comenzaron a ser más tranquilos, aparecieron almas destinadas a ayudarla a sanar. «En esos sueños aparecía mi abuela, que sigue viva con noventa y siete años y sufre demencia, pero en mis sueños aparecía sana y me ayudaba a reconstruir recuerdos con ayuda de mis otros dos abuelos fallecidos», dijo. «Creo que estos sueños estaban ahí para que yo pudiera abrazar mi hogar por última vez y despedirme bien de él».

A pesar de todo, Amy está agradecida por muchas cosas y siente que ha crecido como persona a raíz de esa trágica pérdida. «Mis padres casi no lo cuentan y doy las gracias porque sigan vivos», añadió. «También he dejado de sentir tanto apego por las cosas materiales. En los últimos dos años, he regalado muchas joyas y ropa a amigos y desconocidos. Para mí, lo material ya no tiene tanto valor».

Los padres de Amy están volviendo a construir su casa en el mismo lugar, aunque el progreso está siendo lento por las fuertes lluvias, la falta de trabajadores disponibles y ciertos retrasos con los permisos. Su padre, que está supervisando el proyecto, también está jubilado y lidiando con su propio dolor. Aun así, la familia está haciendo todo lo posible para superar su pérdida con alegría y fuerza. A veces, no queda otra.

¡Buen duelo!

Para darle el adiós que se merece al hogar que hemos perdido, podemos crear un álbum de fotos de aquellos

seres queridos que disfrutaron de él en algún momento.
A lo mejor lo podemos guardar en un armario cerca de
la puerta de la nueva casa, como hizo la familia de Jen,
para tenerlo siempre a mano en caso de emergencia. En
nuestro nuevo espacio, los Espíritus también sugieren que
hagamos una cápsula del tiempo con objetos y recuerdos
especiales, algunos escritos en bonitos fragmentos de
papel, y que la enterremos en el jardín para volver a
abrirla en el futuro. Así, si alguna vez tenemos que volver
a mudarnos, podremos disfrutar de esos momentos
inmortalizados.

10

CUANDO PERDEMOS UN TRABAJO

*L*os Espíritus dicen que somos muchos (¡demasiados!) los que usamos el trabajo para sentir orgullo y autoestima. Por eso, cuando perdemos un empleo o cambiamos de trabajo, o incluso cuando cambiamos de carrera profesional, el duelo por esta pérdida puede pasarnos factura. Podemos llegar a tener un problema de identidad y nuestra posición social puede cambiar. Esta pérdida se produce en el mundo real, pero también puede llegar a pasarnos una factura emocional y espiritual demasiado alta. Puede que ya no nos sintamos merecedores de nada bueno si antes éramos el pilar económico de la familia y ahora nos dedicamos a enviar currículos a altas horas de la madrugada y a plantearnos acudir a reuniones de *networking*. Incluso podemos llegar a culpar a Dios por haber tardado tanto en poner en nuestro camino un puesto de trabajo ideal.

Aunque nunca me han despedido de un trabajo, sí he tenido que dejar algunos que me gustaban y recuerdo lo infeliz que me sentí. Cuando era adolescente, trabajaba para el equipo de administración de la piscina comunitaria local con mi prima Lisa. Inscribíamos a la gente, les tomábamos una foto y les dábamos los carnés de socios. Nos divertíamos mucho trabajando juntas todos los veranos. Por eso, cuando al graduarme de la secundaria me tocó pasar de este tipo de trabajo fácil a un «trabajo real» como controladora de inventarios para una empresa petrolera, la transición se me hizo muy dura.

Ahora tenía responsabilidades más importantes que en la piscina: estaba a cargo de los conductores, revisaba sus hojas de trabajo, me aseguraba de que registraran correctamente la cantidad de aceite que se entregaba en los lugares que tocaban ese día... cosas así. Cuando me casé con Larry y tuve a los niños lo dejé, pero con el tiempo volví para hacer el turno de noche porque necesitaba un seguro médico. En esa última etapa, trabajé en cobros y en atención al cliente, enviando personas del servicio técnico a los domicilios de los clientes y asegurándome de que la gente no se quedara sin calefacción. Con el tiempo, también dejé este puesto para poder pasar más tiempo con mi familia.

Entre un trabajo y otro, echaba de menos lo bien que me hacía sentir ser tan profesional. Echaba de menos el compañerismo en la oficina y las pausas en las que mis compañeros de trabajo y yo charlábamos de todo mientras nos comíamos un sándwich de albóndigas. Me sentía bien porque podía traer dinero a casa y eso era una buena dosis de autoestima. Salir de casa a diario también me venía genial. Y me gustaba ayudar a la gente, lo que ahora también es lo mejor de mi trabajo como médium. ¡En cierto modo, se podría decir que trabajo en el departamento de atención al cliente de los Espíritus!

La cuestión es que sé lo que es renunciar a trabajos que te gustan y lo mucho que eso te marca. Después de dejar esos trabajos, y por muy ocupada que estuviera, me sentía un poco perdida durante un tiempo; porque ser profesional, madre trabajadora, gestora de inventarios o cualquier otro título que tuviera o me otorgase era algo normal para mí y una parte integral de mi identidad. Estaba orgullosa de lo mucho que podía lograr en un día y de la cantidad de gente a la que podía ayudar con eso. Por eso, la transición de esos trabajos a lo que iba a hacer después siempre me resultó difícil. Eso sí, me centraba en lo positivo —pasar más tiempo con los niños o tener más tiempo para mí— y trataba de no sentirme descolocada en esas nuevas funciones que iba a asumir.

PASAR PÁGINA

Es fácil perder la esperanza o la fe cuando se ha perdido un trabajo. Puede que busquemos la protección de Dios y creamos que nos ha defraudado. Para recuperar la fe en un poder superior y adoptar una actitud que nos ayude a encontrar un trabajo mejor (ya que estamos, mejor matar dos pájaros de un tiro), les recomiendo que hagan un ejercicio de visualización según la Ley de la atracción. Esta ley universal dice que atraemos a nuestra vida todo aquello en lo que ponemos todas nuestras energías. Lo que se cree es que, si nos centramos en lo negativo, atraeremos la mala suerte y las malas oportunidades, pero si nos centramos en pensamientos positivos, lo que atraeremos será un mundo de posibilidades infinitas y muchos momentos de alegría y plenitud.

¡No me digan que no suena bien! Los Espíritus dicen que la clave para encontrar un trabajo satisfactorio no es centrarse en las cualidades superficiales que queremos que tenga ese nuevo puesto tan deslumbrante, sino en los valores que nos van a permitir sentirnos realizados. Cuando trato de reflejar lo que albergan mi corazón y mi mente, me gusta empezar dándole las gracias a Dios por todas las bendiciones que hay en mi vida. Después, pido lo que deseo, ojo, no lo que quiero. Ahí está la gran diferencia.

Desde el punto de vista espiritual, mis guías me dicen que un deseo es más bien un sentimiento o un anhelo, pero lo que nosotros queremos se centra más en nosotros mismos e implica más codicia. A nosotros, simples humanos terrenales, puede que eso nos suene a un juego de semántica de los Espíritus, pero las diferencias también residen en cómo el universo interpreta esas palabras. Eso es muy importante, ya que los Espíritus son los que ponen en marcha nuestros deseos. Por eso, en temas como el empleo, debemos visualizarnos en el puesto que deseemos y nos haga sentir valorados, revitalizados, felices, no sobrecargados, apoyados económicamente con días de vacaciones y un buen seguro médico, empoderados y en harmonía con los compañeros de trabajo. No tenemos que enfocarlo como un acto egoísta, como trabajar en una empresa prestigiosa para conseguir una posición y reconocimiento o buscar un jugoso salario que nos permita comprarnos un coche de lujo mejor que el del vecino. ¿Entendemos la diferencia? Si nuestras intenciones son buenas y puras, conseguiremos un trabajo igualmente bueno y sano. Si nuestro deseo está motivado por el egoísmo, acabaremos en un trabajo basura o directamente sin empleo.

Mi clienta Marie tiene ahora cuarenta y cinco años, pero perdió su primer empleo cuando tenía veintiocho. Trabajaba en una marca de moda como estilista cuando su nuevo jefe despidió a todo el departamento a los pocos días de haberla contratado. Aunque al principio Marie se deprimió por haber perdido el trabajo y le aterrorizó la posible inestabilidad financiera, también lo vio como una oportunidad para reencauzar sus metas profesionales. A Marie le encantaba trabajar en el sector de la moda, pero había estudiado Publicidad en la universidad y aprovechó esta pérdida de empleo como una oportunidad para pasarse al campo de la redacción. ¿Qué podía perder? Gracias a la pequeña indemnización que recibió tras el despido, Marie pudo volver a tomar algunos cursos y reciclarse, lo que le ayudó a crear un buen portafolio y reunirse con los mejores cazatalentos. Aunque con todo esto le salieron varias entrevistas, no consiguió el trabajo de sus sueños. Fue entonces cuando Marie supo que tenía que recurrir al universo y a la Ley de la atracción.

Cada noche, antes de acostarse, Marie cerraba los ojos y se visualizaba en su nuevo trabajo. Se veía a sí misma vestida con un traje imponente, caminando hacia el trabajo y entrando en su oficina, donde la saludaban caras amables y felices. Se imaginó sentada en su escritorio, redactando un contenido publicitario premiado y presentándolo en una sala llena de clientes francamente impresionados. Se imaginó a un jefe dándole la mano, felicitándola por un trabajo bien hecho y entregándole un cheque con una bonificación por haber trabajado tanto y tan bien. Se imaginó a sí misma comiendo con sus colegas, a los que adoraba, e incluso tonteando con un apuesto compañero de trabajo. Por último, pensó en pegarse unas buenas vacaciones con sus amigos gracias al generoso paquete de beneficios del trabajo.

Marie practicó la visualización de esta narrativa durante tres semanas y se negó a desanimarse cuando las entrevistas fracasaron y las oportunidades de trabajo resultaron decepcionantes. Finalmente, después de un mes removiendo cielo y tierra, Marie consiguió un puesto en una agencia de prestigio con todo eso que había deseado. Nunca perdió su objetivo de vista ni la fe, y el universo la recompensó con creces.

CUANDO ESTÁS RECUPERÁNDOTE

Los Espíritus quieren que sepamos que el esfuerzo que ponemos en nuestro trabajo tiene mucho valor, pero que eso no debería definirnos como personas. Perder un trabajo no es más que uno de los muchos cambios vitales que pueden ocurrirnos en este plano —a veces no una o dos, sino muchas veces en la vida— y los Espíritus prefieren que busquemos ese valor en nuestro interior para reforzar nuestra autoestima. Debemos intentar ser los mejores padres, amigos, cónyuges o hijos posibles y permitir que esos rasgos también nos definan. Somos mucho más que un simple empleado. Como trabajadores, somos reemplazables, pero como personas todos somos únicos e irrepetibles.

A veces, perder un trabajo puede ayudarnos a recordar quiénes somos en realidad. Una de mis clientas, Jill, perdió dos buenos empleos de forma seguida: el de sus sueños, un puesto para una prestigiosa editorial de revistas, que duró diez años, y otro más, en el que trabajó sólo ocho meses para una imprenta médica. En ambos casos, se había quejado al departamento de RR. HH. sobre la dificultad de comunicarse con las personas correspondientes para resolver mejor los problemas que le surgían a diario en el trabajo. ¿Pero qué pasó cuando lo hizo? Que acabó en la calle.

«Me sentía tan impotente... un completo fracaso», me dijo

Jill. «Y el hecho de que estuviera pasando por un divorcio cuando perdí el primer empleo fue la gota que colmó el vaso. Para rematar, cuando perdí el segundo, estaba comprando una casa. Acabé tan estresada que perdí cinco kilos. No había estado desocupada desde los trece años y mi carrera profesional lo era todo para mí, así que el despido le dio un giro radical a mi vida. El segundo despido me hizo cuestionar si yo tenía la culpa en vez de los lugares tóxicos donde había trabajado».

La autoestima de Jill sufrió un buen revés y durante mucho tiempo se sintió perdida y sin rumbo. «Siempre sigo las normas y soy muy perfeccionista, así que todo se me cayó encima», contaba. «Cuando me pasó la segunda vez, me agobié pensando que no volvería a encontrar un trabajo a tiempo completo. El rechazo y la soledad que te atraviesan mientras buscas empleo me pasaron factura». Su orgullo, su identidad y su confianza en sí misma se resintieron. «Me sentí humillada, entre muchas otras cosas», confesó.

Jill pasó por las cinco etapas del proceso de duelo: negación, ira, negociación, depresión y aceptación. Eso sí, cada persona las pasa en un orden distinto. «Pasé por todas», me contó. «La primera vez, tardé en procesarlo un año. No era consciente de lo tóxico que era el entorno laboral en el que me movía y lo inútil que me había hecho sentir, y tuve que aprender a valorarme positivamente; necesitaba centrarme en mí misma y en otros aspectos de mi vida para recuperar la confianza que había perdido. Si te soy sincera, perder el trabajo me angustiaba más que mi divorcio, salvo por el hecho de que me iba a convertir en una madre divorciada y eso significa que iba a tener que mantenerme a mí misma y a mis hijos. Y eso da mucho miedo».

A pesar de lo poco que le había gustado trabajar en esos puestos, Jill lloró esas pérdidas con especial dolor porque también estaba procesando una pérdida de identidad. «Mi trabajo siempre me ha definido mucho como persona», comentaba. Jill también contó que su padre había renunciado a un trabajo cuando ella era pequeña, lo que causó cierta conmoción en su familia, así que a ella jamás se le cruzó por la cabeza dejar un empleo, ni siquiera los más horribles que acababan con ella psicológicamente. «En mi mente, dejar un trabajo era lo peor que alguien podía hacer y solicitar la ayuda por desempleo era una vergüenza», dice. «Probablemente debería haber dejado el trabajo mucho antes de que me afectara tanto. Se me daba bien, pero no me sentía realizada».

Mantra: «Vivo y aprendo, y mi trabajo no me define».

Jill recurrió a varios mecanismos para salir adelante durante este duro periodo. Por un lado, se apoyó en su terapeuta, quien al poco tiempo le diagnosticó un trastorno de estrés por la pérdida de su primer empleo. Jill también retomó el *running* para hacer ejercicio y se volcó en aficiones como la cocina, que la ayudaron tremendamente. También se apoyó en su madre y sus amigas. Hizo dos viajes y se enamoró. Gracias a todas estas cosas, Jill empezó a disfrutar mucho más de la vida. Afirmó que el haberse tomado un descanso entre esos trabajos a tiempo completo había sido clave para sanar y reinventar su vida a los casi cuarenta años. «Toda esa hecatombe me enseñó a confiar en mí misma y reafirmó mi fortaleza e instinto de supervivencia», dijo. «También soy más consciente de cosas importantes de la vida que no tienen que ver con el trabajo».

Echando la vista atrás, Jill reconoce que esa pérdida acabó siendo sorprendentemente positiva. «Me ayudó a identificar mi perfeccionismo y a darme cuenta de que merezco ser feliz», siguió, «y estaba claro que así no iba a encontrar la felicidad». Ahora, con su estilo de vida más independiente y su actitud optimista respecto al futuro, la vida le parece más valiosa y todo le sonríe más. «Sigo buscando un empleo a tiempo completo, pero no tengo prisa y prefiero esperar hasta encontrar el que me haga feliz», añade. «El haber sobrevivido a una pérdida así me ha hecho valorarme más como persona y ahora soy más fuerte. Acepto que esos trabajos no fueron un fracaso, ni siquiera el que menos me duró, sino experiencias de las que he aprendido y que me han hecho crecer. No pienso permitir que vuelvan a infravalorarme, y aunque el trabajo de oficina no sea lo mío, me puedo dedicar a muchas otras cosas que se me dan bien». Lo mejor de todo es que Jill dice que ahora se siente más realizada emocional, espiritual y mentalmente que nunca. ¡A mí su historia me inspira mucho! Si estamos en una pausa entre dos empleos, aceptar la pérdida de un trabajo como una manera de ganar calidad de vida también nos puede ayudar.

¡Buen duelo!

Si no tenemos empleo o estamos entre dos trabajos, los Espíritus dicen que es un buen momento para tomar nuestro diario y escribir lo que hayamos aprendido de nuestro puesto más reciente; cuánto hemos evolucionado y lo que probablemente nos ha hecho crecer esa etapa. ¿Qué experiencias positivas podemos sacar de ese puesto? ¿Cómo nos ha formado y nos ha hecho evolucionar? Expresemos nuestra gratitud por lo bueno que el nuevo cambio nos traerá y liberémonos de todo lo malo que tengamos asociado con él. ¡Fuera cargas o arrepentimientos!

11

CUANDO PERDEMOS LA ESTABILIDAD ECONÓMICA

La gente es muy tiquismiquis con el dinero, y perderlo puede ser una tragedia. Con él, también pierden una parte de su identidad, su sensación de seguridad, su orgullo y los afecta hasta en sus relaciones. Podemos llegar a sentirnos avergonzados, fracasados e incluso traicionados por los bancos, nuestro jefe, miembros de nuestra propia familia que nos aconsejaron mal o incluso el gobierno. Podemos acabar en estado de *shock* y sentir miedo, arrepentimiento, resentimiento e ira. Nuestras relaciones personales pueden estropearse, nuestra salud puede resentirse y nosotros podemos no saber cómo seguir con nuestra vida. Si nos vemos obligados a cambiar nuestro estilo de vida, nuestro ego más profundo también se verá afectado. Los Espíritus dicen que perder la estabilidad económica puede afectar incluso a nuestra alma, porque todo eso puede cambiar nuestro concepto de nosotros mismos y cómo nos vemos. Nuestra autoestima puede verse muy afectada si antes éramos los que traíamos el dinero a casa y ya no podemos hacerlo, y podemos llegar a estar resentidos con nuestra pareja si es la responsable de esta pérdida económica. De repente, el mundo entero se nos cae a los pies por una mera cuestión de aritmética desafortunada.

Los Espíritus dicen, sin embargo, que no hay que hacer un drama como muchos otros hacen en este plano e interiorizar y lamentar una pérdida económica con tanta intensidad. Si estamos sanos, eso es lo más importante, y los Espíritus dicen que recordemos todo con lo que se nos ha bendecido y lo que todavía tenemos, aunque una buena economía no sea parte de ello. Nos animan a recordar y abrazar nuestra fe y lo que somos como persona. Los Espíritus también hacen hincapié en lo importante que es vivir dentro de nuestras posibilidades. No tenemos que prescindir de nada por una pérdida económica, pero sí tenemos que aprender a gastar con cuidado. A fin de cuentas, los Espíritus insisten en que el dinero no es el origen de la felicidad, y que lo bueno de perderlo es que tal vez tengamos la oportunidad para darles más prioridad a otras elecciones, valores y decisiones.

CUANDO TOCA CONTAR LAS MONEDAS

Una pérdida repentina e inesperada de activos, y las emociones que eso conlleva, pueden resultar arduas de procesar. Podemos perder dinero por gastos médicos para combatir una enfermedad, una recesión económica, malas inversiones o incluso porque hemos sufrido un fraude. No se imaginan a cuántos clientes he visto llorar desconsoladamente por bienes materiales, propiedades o dinero que no se les han dado en un testamento.

Está claro que el dinero es importante, porque lo necesitamos para vivir, y seguro que todos trabajamos día y noche para conseguirlo, pero nunca debe definir nuestra identidad. Lo que hace que el duelo por la pérdida económica sea tan duro, creo yo, es que acabamos relacionándolo con otras cosas que son realmente importantes. Los Espíritus dicen que no se trata sólo de la pérdida de dinero en efectivo, sino de cómo la pérdida económica afecta a nuestros planes de jubilación, el dinero para estudiar, las oportunidades de comprar una casa, nuestro estilo de vida y las expectativas para el futuro. La pérdida de la seguridad financiera forma parte de la visión que tenemos de nuestra vida. Cuando ocurre, tenemos que replantearnos las vacaciones, los ahorros que tenemos para la universidad, las comidas fuera con los amigos y la familia... y hasta el dinero que esperábamos dar en herencia a nuestros nietos. La pérdida acaba truncando nuestros planes, esperanzas y sueños. Sentimos que no hemos conseguido valernos por nosotros mismos o mantener a nuestra familia, y esa valoración que hacemos de nosotros mismos determinará cómo nos vamos a sentir cuando suframos una pérdida económica.

Edie, la madre de Allison —una de mis clientas—, acabó envuelta en una estafa telefónica después de que se le diagnosticara una enfermedad que le afectaba mentalmente. Como resultado, la familia perdió una cantidad importante de dinero. Unos años antes, Edie había estado a punto de morir de diverticulitis y, aunque antes de la enfermedad y de las cirugías era una persona muy inteligente y avispada, Allison dijo que después notó un cambio. «Sus ojos me decían que algo no iba bien», dijo. Aprovechando el estado de Edie, unos estafadores la engañaron. «El jefe de los estafadores empezó a llamar a mi madre y le dijo que había ganado millones en la lotería. Que lo único que tenía que hacer para disfrutarlos era pagar los impuestos correspondientes», contó Allison.

Los estafadores le pidieron entre 500 y 1000 dólares, y mandaron a la madre de Allison a un Western Union específico de la ciudad para que enviara el dinero. Edie hizo lo que le dijeron y luego esperó. Y nada. Ahí fue cuando empezó lo peor. Todas las semanas, los estafadores pedían 500, 1000, 1500 dólares y enviaban a Edie a diferentes oficinas de Western Union de la ciudad para que las operaciones no parecieran sospechosas. Sacaba el dinero de sus cuentas de ahorro. «Mi madre incluso le dijo a mi padre que firmara recibos para retirar fondos hasta que él también se quedó sin ahorros», relataba Allison. «Después, empezó a sacarlo de su propio sueldo. Después, de sus pólizas de seguro de vida. Finalmente, los estafadores le dijeron que fuera a lugares donde le adelantasen efectivo. Después probó con préstamos bancarios. Y la cosa se alargó, por lo menos, durante un par de años». En un momento dado, Allison contó los recibos de Western Union de los últimos tres meses y el total ascendía a la friolera de 23 000 dólares. «En ese momento, dejé de sumar», añadió. «No podía soportarlo».

Allison se enteró de la historia cuando recibió una llamada telefónica de un agente de préstamos de Western Union, que le contó que su madre había sido víctima de una estafa. «Mamá había ido a pedirles un préstamo bancario», decía. «Cuando el agente de préstamos le preguntó para qué era, mi madre se puso nerviosa. El agente de préstamos insistió y mi madre le admitió lo que estaba haciendo. El agente de préstamos le pidió mis datos y me llamó. Le agradecí la llamada, y así fue como pudieron empezar a quitarse de encima los estafadores.

Allison habló con su madre y su padre y les explicó lo que estaba pasando. Ellos aseguraron que le creían, pero volvieron a lo mismo en cuanto Allison volvió a su casa de Chicago. «Cada vez que iba a casa de mis padres, teníamos la misma conversación. Incluso les cambiaba el número de teléfono, pero mamá volvía a llamar "Marcia" y la historia se repetía», contaba. «En realidad, papá no entendía bien lo que estaba pasando, pero decía que no le permitiría que volviera a hacerlo. Incluso los llevé a un abogado, pero no sirvió de mucho». El abogado se limitó a decir que Edie se estaba gastando su propio dinero y que podía hacer lo que quisiera con él. Le preguntó si entendía que era una estafa y le hizo prometer que no volvería a hacerlo. A Allison le pareció increíblemente condescendiente, y llegó un momento en el que no supo qué hacer. Cuando Edie finalmente se dio cuenta de lo que había hecho, se sintió avergonzada, pero siguió enviando dinero hasta que se le acabó.

Allison contaba que se peleaba con su madre cada vez que hablaban. «Recibía llamadas de los vecinos diciendo que mi madre les pedía que la llevaran a oficinas de Western Union en el lado más conflictivo de la ciudad. O para recogerla a la vuelta», dijo. «Yo le insistía en lo peligroso que era llevar el bolso lleno de dinero a un barrio así. En un momento dado, mamá llegó a destrozar su coche y envió el dinero del seguro a los estafadores. Habíamos acordado que no cobraría el cheque hasta que yo llegara a casa, y hablado de cómo podíamos utilizarlo para comprarle un coche pequeño. Y ahí se desató otra pelea. Culpé de todo a mi madre y lo achaqué a su mal juicio y su extraño comportamiento. Ya no sabía ni cómo ayudarla, pero yo seguía peleándome con ella, culpándola y avergonzándola».

Mantra: «Vive tu vida, pero vívela con lo que tienes».

Allison me contó que, aunque sus padres se sintieron un poco bloqueados cuando se gastaron todo el dinero que les quedaba, fueron capaces de olvidarse con relativa facilidad del tema y seguir con su vida. Allison, en cambio, sufrió mucho por esa pérdida económica, porque una gran parte la iba a heredar cuando sus padres fallecieran. «Me pasé enfadada la mitad del tiempo», dijo. «Estaba enfadada con mis padres, pero más aún con los estafadores».

En un momento dado, tomó cartas en el asunto e intentó hablar con los estafadores para que los dejaran en paz. «Un día estaba yo en casa de mis padres y llamó una tal "Marcia"», me explicó Allison. «Mi madre y yo sonamos igual al teléfono, no es fácil distinguirnos. Al principio, la mujer creyó que yo era mi madre. Me preguntó por qué no había llegado el dinero que mi madre había prometido enviar. Le dije que estaba enferma, pero ella insistió en que le tenía que enviar dinero para conseguir el premio de lotería. Dijo que era para pagar los impuestos de las ganancias. Al ver que yo indagaba un poco más, "Marcia" —muy lista ella— me dijo que jamás me mentiría. Fue muy insistente y me dijo por qué tenía que hacerlo y que tenía que ser cuanto antes para que yo pudiera cobrar los beneficios. Me dijo cuánto debía enviar y dónde. Después, se dio cuenta de que no estaba hablando con Edie, y se enfadó. Y yo me enfadé aún más. Solté una retahíla de obscenidades que espantarían incluso a un marinero bien curtido».

La rabia de Allison tocó techo en ese momento... y todavía la lleva consigo. «No sé si alguna vez lo superaré. No es que fueran millones de dólares, pero seguro que les habría ayudado en su jubilación y también a mí, más adelante», añadió. «He estado trabajando a tiempo parcial desde que me mudé al sur para cuidar de mis padres. Es imposible ahorrar dinero para jubilarse cuando se trabaja a tiempo parcial. Tengo cuarenta y ocho años y la jubilación está a la vuelta de la esquina. Estoy llegando a una edad en la que la gente ya pone excusas para contratarte. No tener ese dinero como colchón es una auténtica faena. Con este salario tan precario, mi pensión de jubilación se queda en nada. Siento que he desperdiciado los años más productivos de mi vida, cuando podría haber ganado más dinero. Ahora mi madre ya ha fallecido, pero cuando mi padre muera, yo tendré como poco cincuenta años, porque él ya tiene noventa y cinco años. No es el momento de empezar desde cero y sin colchón. Me deprimo sólo de pensarlo».

Aunque a Allison le ha costado horrores asimilar esa pérdida, a sus padres no pareció afectarlos tanto. Al parecer, su padre nunca llegó a reaccionar del todo, y nunca ha tenido claro cómo se sintió realmente su madre cuando todo acabó. «Coincidió con una etapa de enfermedad, así que no sé por qué ocurrió», dijo Allison. «Sé que estaba deprimida y que lloraba, pero nunca supo expresar bien sus emociones, así que no sé hasta qué punto le afectó. Le encantaba hacer colchas y se le daba muy bien. Era muy buena con las labores de aguja. Estoy segura de que también llegó a vender algunas de esas colchas para enviar el dinero a los estafadores. Con el tiempo, dejó de coser. También se ponía muy nerviosa cuando yo se lo mencionaba. Se ponía a la defensiva con casi cualquier cosa».

Allison hizo todo lo posible para arreglar el desastre. «Me mudé a casa de mis padres y me ocupé de todo lo que pude», dijo. «Sacarlos de las deudas, llegar a acuerdos con las empresas después de explicarles lo sucedido... Conseguí incluso que esa gentuza dejara de llamar, porque eran implacables; llamaban y colgaban si respondía, pero luego volvían a llamar. Una y otra vez, durante todo el día. Al final, se cansaron. Mis padres recuperaron su vida tranquila de jubilados».

Pero Allison sigue digiriendo su pérdida. «He hablado con una señora de California que leyó uno de mis desahogos en Facebook. Se puso en contacto conmigo para publicar una denuncia sirviéndose de partes de la pesadilla que habíamos pasado. Al final, resulta que quiere hacer un documental o una película basado en nuestra historia. Me encantaría contribuir para ayudar a otras personas. Me encantaría saber qué más puedo hacer para ayudar a los demás». Allison también quiere ayudarse a sí misma, claro: «Me gustaría ir a terapia para canalizar toda esa rabia que tengo dentro, pero mi seguro no es muy bueno y me falta tiempo».

Los Espíritus dicen que una de las partes más difíciles de la pérdida económica de Allison es que trae otras pérdidas diarias consigo. Tiene que lidiar con una pérdida de control, de seguridad, de esperanzas y sueños, todo al mismo tiempo; con una discusión, con la pérdida de confianza y con el duelo por lo que se arrepiente del pasado. Pero si vive el duelo sin llegar a una resolución espiritual, sólo hará que todo se enquiste en su alma, mucho más de lo que ya lo ha hecho. Los Espíritus dicen que Allison estaría mucho mejor si aprendiera a procesar este enorme dolor con la ayuda de una terapeuta que, como mínimo, pudiera orientarla para que construyera una relación sana consigo misma y con el padre que le queda.

Y TÚ, ¿CÓMO LO GESTIONAS?

Los Espíritus recomiendan que afrontemos una pérdida económica haciendo lo posible por aceptar la situación actual en la que nos encontramos y centrándonos en lo que realmente nos importa. Si reflexionamos sobre todo lo material que no necesitamos en realidad —como ropa, zapatos o aparatos tecnológicos— podemos incluso darle un giro positivo a esta situación y cosechar también los beneficios emocionales de esa gran limpieza.

Divorciarse cuesta un dineral. Por eso, me di cuenta de que tenía que controlar lo que gastaba durante esa etapa. Vendí un montón de cosas que ya no necesitaba: zapatos, ropa, bolsos, cámaras... ¡de todo! Y la verdad es que me sentí muy bien al hacerlo, porque había acumulado muchas cosas y ya era hora de quitármelas de encima. Estaban ocupando espacio tanto físico en mi casa como emocional en mi vida. Ordenar mi armario también me hizo restarle importancia al tema y centrarme en otras cosas. ¿A que es curioso? De hecho, al vender todas esas pertenencias que no necesitaba, me sentí mucho más feliz y segura de mí misma para comenzar mi nueva etapa de mujer soltera e independiente. Caí en la cuenta de que no necesitaba nada de eso para ser feliz, que me bastaba con la vida misma que quería vivir y mi propia identidad.

Cada cual debe procesar sus contratiempos económicos como mejor le venga, pero los Espíritus dicen que sí hay que tener en cuenta algunas cosas. Está claro que tenemos que cambiar todo lo necesario para volver a estabilizar nuestra situación económica, pero hay que hacerlo aceptando que no podemos volver a lo de antes. Lo mejor es no mirar atrás y seguir avanzando, con pasos pequeños pero seguros. ¿Y si esta pérdida económica es una oportunidad? Aprendamos de nuestros errores y a gestionar nuestro dinero de otra forma. Mantengamos nuestra identidad separada. A lo mejor antes usábamos un puesto de trabajo y unos planes de futuro para reforzar nuestra autoestima y ahora estamos viviendo con los padres de nuestro cónyuge en el cuarto libre del sótano. No pasa nada. En serio, está bien. Aceptemos lo que está pasando y no tiremos la toalla con nosotros mismos ni nuestra economía. Hagamos todo lo posible para resolver estos problemas y valoremos lo que aún nos queda.

Hagamos lo posible para pedir apoyo siempre que lo necesitemos. Luchemos contra ese instinto automático de aislarnos de los demás. Busquemos apoyo emocional en amigos y familiares, especialmente en aquellos que han pasado por reveses similares. Hablemos de nuestros sentimientos con personas de confianza. Recuperemos nuestro poder reconociendo que la pérdida no es algo vergonzoso ni un secreto, y tengamos presente que volveremos a salir adelante. Recordemos los retos a los que nos enfrentamos en el pasado para superar éste. No debemos obsesionarnos con el pasado ni pensar demasiado en el futuro. Lo mejor es centrarnos en el presente y esforzarnos para lograr nuestros objetivos. Aprendamos del entuerto. ¡De todo se aprende! Disfrutemos de las alegrías de una vida más sencilla sin rodearnos de tantas cosas materiales.

No obstante, los Espíritus nos piden que seamos conscientes de que Dios no le da tanta importancia a la pérdida económica en sí misma, y eso es en lo que deberíamos fijarnos. Lo que le importa es cómo reaccionamos ante la situación que nos causa dolor (en este caso, la pérdida económica) y cómo nos las arreglamos partiendo de esa emoción. Sentarse en casa y ahogar nuestras penas con una botella de vino no va a hacer que Dios se apiade de nosotros. Dios quiere que sigamos cuidándonos, que nos amemos, honremos y respetemos a nosotros mismos y a los que nos rodean. Él no quiere que nuestra situación económica nos defina como personas, como tampoco deberíamos hacerlo nosotros.

¡Buen duelo!

¡Hora de la gran limpieza general de tu vida! Te reto a que vendas los artículos que ya no te sirven: ropa, vajilla, joyas, aparatos de *fitness*, casas de vacaciones, tiempos compartidos... lo que sea. Pero guarda el dinero para cuando lo necesites de verdad. ¡No te lo vuelvas a gastar en comprar más cosas! Ya verás lo bien que sienta poner en orden tu cabeza. Si recurrimos a estas estrategias, no sólo evitaremos sufrir pérdidas económicas, ¡es que encima ganaremos dinero!

12

CUANDO PERDEMOS NUESTROS SUEÑOS Y ESPERANZAS

Tengo que reconocer que escribir este capítulo me costó lo mío, porque yo tengo la suerte de haber cumplido todas mis expectativas y sueños en una sola vida. ¡La verdad es que jamás pensé que llegaría tan alto! Una parte es por mi gran ambición y otra por suerte, pero el resto se lo debo a los Espíritus. Me apasiona mi profesión, tengo la mejor familia del mundo y siempre me he sentido querida y apoyada por las personas que me importan. Hago lo posible para tener una buena salud. Viajo, conozco a gente inspiradora y puedo mantenerme económicamente y donar a las organizaciones benéficas que me importan. Y no pueden hacerse una idea de la cantidad de fabulosos zapatos y bolsos de diseño que tengo. ¿Qué más puede pedir una mujer?

Sin embargo, mi vida no siempre ha sido color de rosa. Cuando sufría mucha ansiedad aparqué muchos sueños y esperanzas. El hecho de no poder irme nunca de vacaciones en familia por miedo a salir de casa es uno de los sueños incumplidos que más me dolía, pero no me sentía totalmente segura en el mundo exterior. También sabía que si tenía un ataque de ansiedad en público, no podría recurrir a las mismas técnicas para calmarme que usaba en casa (básicamente, pasearme por mi habitación). Llevaba fatal ver a mis abuelos, primos, padres y tíos irse de crucero o de fin de semana a Atlantic City y no poder sumarme. Al principio estaba tan bloqueada que ni me afectaba, pero luego acababa deprimida porque me estaba perdiendo ese tiempo con ellos, y también culpable por permitir que ese miedo me impidiera hacer algo que quería hacer.

De niña, pasaba los veranos con mis abuelos y me iba de vacaciones en familia, pero cuando cumplí dieciocho años y me fui a vivir sola, empecé a aislarme en casa mientras mi familia pasaba buenos ratos juntos. Dejé que el miedo engullera todas mis ilusiones durante demasiado tiempo. Por eso, el año pasado me animé a ir por primera vez de crucero familiar a las Bermudas con todos mis primos. ¡Veintiocho, en total! Y me sentí tan orgullosa de haber conseguido ir... Aunque hubo un momento en el que pensé: «Mira lo que me he perdido todos estos años. ¡Nunca más permitiré que mi ansiedad se interponga en mis ganas de viajar con mis seres queridos! ¡Nos lo hemos pasado en grande!».

CUANDO LOS SUEÑOS Y LAS ESPERANZAS SE DESVANECEN

Hay tantas situaciones que nos pueden hacer pasar un duelo por la pérdida de nuestras esperanzas y los sueños para el futuro, como el fin de una relación o un trabajo, una oportunidad empresarial que se ha ido al traste o ciertos talentos cuyo potencial nunca llegamos a explorar del todo. Las familias con niños discapacitados sufren pensando cómo la enfermedad de sus pequeños les dificultará el futuro, su aprendizaje o su capacidad para vivir con normalidad. Como ocurre siempre que perdemos un ideal, nos lamentamos por lo que pensamos que tendría que haber ocurrido, pero no ocurrirá, por los objetivos que nosotros u otra persona tendríamos que cumplir, pero que ahora no están a nuestro alcance. Por eso, cuando esas esperanzas y sueños no se hacen realidad, nuestras expectativas pueden venirse abajo como un castillo de naipes, arrastrando consigo nuestro optimismo y nuestra fe. Sin embargo, incluso si nos lamentamos por la pérdida de un sueño que teníamos en mente para nosotros mismos u otra persona, los Espíritus dicen que tenemos que centrarnos en lo que podemos controlar y en cómo podemos hacer realidad otros sueños distintos o relacionados. Lo que quieren es que hagamos el esfuerzo de adoptar una actitud lo más positiva posible, incluso cuando sufrimos una pérdida.

Esta pérdida es especialmente dura porque nos enfrentamos a una situación hipotética, lo que provoca que acabemos comiéndonos la cabeza. ¿Y si cuidar de nuestra pareja enferma nos ha impedido triunfar como cantantes? ¿Y si hubiéramos conseguido el préstamo que nos hubiera permitido abrir ese próspero viñedo en nuestra jubilación? ¿Y si hubiéramos sido más cariñosos con nuestra pareja y hubiéramos salvado nuestro matrimonio? Perder algo que no ha sucedido abre la puerta a pensamientos obsesivos sobre el posible resultado, aunque no tengamos pruebas de que hubiera salido como queríamos de todos modos. No sabemos lo que habría pasado, pero solemos suponer —por supuesto— que estaríamos mejor que en nuestra situación presente, y eso no es demasiado realista.

Es normal llorar cuando se desvanecen ciertas esperanzas y los sueños, pero los Espíritus dicen que tenemos que poner esa pérdida en perspectiva. Y lo dicen muy, pero que muy en serio. Eso me recuerda a las veces en las que canalizo un alma y ésta le dice a su ser querido vivo que no se obsesione con la idea de que podría haber hecho algo distinto para evitar una situación, como llevar a otra persona a un médico distinto o evitar que alguien se subiera al coche la noche en la que falleció en aquel accidente. Esos «y si...» no tienen por qué cambiar el destino de nadie. Sí, puede que tengamos esa sensación, pero esa posibilidad sólo está en nuestra cabeza.

SIEMPRE ABIERTOS A NUEVOS PROPÓSITOS

Para cortar los «y si» por lo sano y no caer en esa sensación de que hemos tirado por tierra esas esperanzas y sueños para siempre, los Espíritus nos animan a que hagamos todo lo posible, aquí y ahora, para tocar con los dedos ese sueño que creemos estar perdiéndonos. Por ejemplo, yo siempre quise ser animadora de los Dallas Cowboys. Está claro que no lo soy ni lo seré nunca, pero eso no me impidió visitar el estadio, comprarme unas botas y pompones en la tienda de regalos y conseguir que todas las animadoras que admiro se hicieran una foto conmigo y me firmaran un autógrafo. En lugar de comerme la cabeza con los «y si», hice lo posible para vivir algo cercano a ese sueño, o al menos una versión de éste. ¡Y me sentí la mujer más feliz del mundo!

Los Espíritus dicen que la razón por la que nos disgusta tanto que ciertas esperanzas y sueños se nos escapen es porque sentimos que no hemos cumplido nuestro propósito. Sin embargo, cuando se trata del propósito de nuestras vidas, los Espíritus tienen claro que Dios nos facilitará las oportunidades para conseguir nuestra meta si estamos destinados a alcanzarla, de una forma u otra. Y aunque puede que esas oportunidades se manifiesten con ciertos cambios respecto al objetivo inicial que teníamos en mente, la plenitud que nos harán sentir será la misma.

A lo mejor se nos da muy bien cantar. Aunque nuestro propósito no sea convertirnos en un aclamado cantante de ópera o ganar *La Voz*, a lo mejor sí queremos compartir nuestro talento en las noches de micrófono abierto de nuestra ciudad y en el coro de la iglesia. Puede que cantar en bodas con una banda de música y hacer felices a otras personas en su gran día sea nuestro verdadero propósito. Y eso puede también deberse a que otras prioridades, como cuidar de un padre enfermo o criar a nuestros hijos, están destinadas a ocupar un lugar principal en nuestras vidas. Si ése es el caso, no tenemos que lamentarnos por las esperanzas y los sueños incumplidos, sino reconocer que son simplemente una de muchas opciones en nuestra vida y que, en cambio, tenemos todos los motivos del mundo para celebrar nuestro don, sólo que de otra forma. Tenemos que ser conscientes de que las intenciones de Dios no siempre coinciden totalmente con nuestros sueños mundanos y confiar en que Él sabe lo que es mejor para nosotros. Si tenemos a Dios de nuestra parte y nos apoyamos en el recorrido vital de nuestra alma, creo que es más lógico dejarse llevar por lo que el universo tiene preparado para nosotros que obsesionarnos con dar conciertos que llenen estadios.

El tema de las esperanzas y los sueños truncados es un tema

recurrente en las parejas que tienen problemas para aumentar la familia. Recordemos que las intenciones de Dios no tienen por qué ser iguales a las de nuestra alma. Conozco a un matrimonio que no ha podido tener hijos. Al principio, el esposo no estaba seguro de querer tenerlos porque su infancia no había sido la mejor, pero, aunque su pareja pasó por muchas rondas de fecundación in vitro fallidas —un motivo de ruptura más que suficiente—, eso reforzó aún más su relación. Los Espíritus tienen claro que el hecho de que una pareja se haga aún más fuerte tras una situación tan dolorosa es más importante que concebir un hijo. El esposo empezó a valorar la importancia de tener una familia propia y del amor incondicional, y su alma creció mucho gracias a esta experiencia.

Jessica, una mujer que conozco, y su marido Josh se han enfrentado a pruebas similares y se pasan la vida reconfigurando constantemente sus expectativas; digamos que su plan B siempre tiene un plan C y hasta un D, por si acaso. A lo largo de los cinco años en los que intentaron ampliar la familia Jessica ha pasado por dos embarazos ectópicos, con una consecuente pérdida de las trompas de Falopio. Después, probó con la fecundación in vitro, y después de tres rondas extremadamente difíciles, perdió tres bebés a las seis semanas. Ahora, la pareja está probando la gestación subrogada y, si no funciona, recurrirán a la adopción. Pero claro, tantos cambios han minado el ánimo de Jessica y ahora cree que sus sueños no se van a cumplir. «Han sido tantos los obstáculos, que convertirnos en padres ahora parece algo muy improbable», dice. «Me he sentido preparada para ser madre toda mi vida, desde que era una niña. Ahora, esas esperanzas y sueños parecen hacerse pedazos cada día que pasa».

No hace falta decir que sufrir una decepción tras otra y tener que acostumbrarse a un nuevo plan para tener un bebé cada vez que otro fallaba le ha pasado factura a Jessica. Cuenta que ver bebés o mujeres embarazadas, asistir a las *baby showers* de otras mujeres, pasar por la bonita sección de bebés de una tienda, ver películas y programas de televisión en los que aparecen madres primerizas felices y recordar a los hijos que ha perdido en cada aniversario son todos factores que contribuyen a su bajo estado anímico. «Tengo la sensación de que puedo explotar emocionalmente de un momento a otro», dijo. Jessica tiene una ansiedad descomunal y ha sufrido ataques de pánico, depresión y cambios de humor por todo lo que ha pasado mientras intentaba ser madre. «Ya no soy la misma de antes. Cuando sufrí la tercera pérdida, empecé a notar cambios en mi carácter», añadió. «Me llevó años admitir que necesitaba ayuda». Tener que recomponer sus esperanzas y sueños una y otra vez ha sido «abrumador y, en muchos sentidos, absolutamente devastador espiritualmente», me siguió contando Jessica. «Nunca pensé que me sentiría así. Hay esperanzas y sueños que son más fáciles de superar si no se pueden cumplir, como no poder permitirse esas vacaciones a un lugar soñado o no tener la carrera profesional que siempre has deseado. No se te hacen tan duros porque, en cierto modo, aún puedes controlar el resultado; puedes ahorrar dinero o dejar tu trabajo y empezar de nuevo. Pero albergar la gran ilusión de que tú y tu cónyuge se puedan ver reflejados en los ojos de sus propios hijos, y que se la arrebaten es algo que no se puede controlar y que duele como si te clavaran algo en lo más profundo de tu ser».

Experimentar esa sensación de pérdida y volver a darles

forma a sus esperanzas repetidamente, y todo para que todo vuelva a irse al traste, hace que Jessica sienta que no está viviendo su propósito. Esos «y si» que he mencionado antes son los que más difíciles le resultan de manejar. «No puedo dejar de pensar en los cinco niños que hemos perdido», se lamentaba. «Siempre me pregunto qué aspecto tendrían, cómo sería su personalidad, qué habrían sido de mayores y si serían felices».

Jessica y Josh son conscientes de que nada ni nadie puede garantizarles la paternidad, y ella admite que de eso se puede sacar un aprendizaje. «Ha sido duro de digerir, pero hemos aprendido que nuestra vida no siempre es como la planeamos, por mucho que nos esforcemos o recemos», confiesa. Aunque Jessica y Josh aún tienen la esperanza de tener un hijo gracias a la gestación subrogada, están buscando otras formas de «ser padres» de una criatura que lo necesite. «Hace poco rescatamos un cachorro que ha llenado un poco ese hueco que tenemos en nuestros corazones», dijo. «Con él, nuestra vida es mucho mejor y más bonita». Está claro que ese cachorro no va a reemplazar a un hijo, pero, a medida que avanzan hacia la siguiente etapa de su vida, plantearse esa posible variación del sueño de ser padres no parece tan descabellado.

Mantra: «Vive para soñar y sueña para vivir».

Mientras escuchaba la historia de Jessica y Josh, los Espíritus me aseguraron que esta pareja tendría un hijo, pero que en ese momento la prioridad era volver a amarse, respetarse y apoyarse mutuamente de nuevas formas. A veces, cuando una pareja pasa por el espinoso bosque de la infertilidad, la ira, la amargura y la culpa salen a la superficie. En el caso de Jessica y Josh, en cambio, parece haber un fuerte deseo de cultivar más afecto, compasión y comprensión. También sentí que las almas de sus difuntos hijos estaban plantando las oportunidades de crear una familia en el camino de esta pareja, y que una subrogación cuenta tanto su propia historia como la de la madre subrogada. El camino de la gestación subrogada consiste en ayudar a otra familia a tener un hijo, y su crecimiento está íntimamente ligado al de la pareja. Es algo mucho más grande que crear una vida entre dos. Es una nueva oportunidad de ampliar su amor mientras intentan formar una familia y de entrelazar su viaje con el de la madre subrogada. El suyo es un ejemplo perfecto de cómo el plan de Dios para nuestras esperanzas y sueños puede ser mucho más complejo de lo que jamás podríamos comprender los simples mortales. Nosotros sólo tenemos que hacer todo lo posible por tener fe en Él y esperar a ver cómo se desarrolla su plan.

¡Buen duelo!

Mañana por la mañana, antes de levantarte de la cama, dedica unos minutos a pensar en una esperanza o un sueño que se haya quedado aparcado o que temes no cumplir nunca. Después, dedica ese día a planificar una serie de objetivos que te ayuden a alcanzar ese sueño o una variación del mismo. ¿Te gustaría ser un dramaturgo famoso? Prepara el borrador del primer acto de una obra de teatro y piensa en lo maravilloso que sería representarla en un teatro local. ¿Sientes que ya no puedes cumplir tu sueño de infancia de convertirte en ingeniero? Llama a la biblioteca del barrio y organiza una feria comunitaria infantil de ingeniería. Los Espíritus están seguros de que abrir tu mente y dar rienda suelta a tu lado más creativo te sorprenderán gratamente y te hará sentir realizado.

13

CUANDO PERDEMOS NUESTRA JUVENTUD

Seamos sinceros: envejecer puede ser horrible... ¡horrible! Pero no tiene por qué serlo, y no se trata de una mera cuestión de vanidad. Cuando menciono la pérdida de la juventud, es posible que te venga a la mente la pérdida de la piel tersa y el hecho de ganar peso, pero va mucho más allá. Yo me refiero más bien a no podernos levantar después de una noche de fiesta o sin que nos duela todo el cuerpo. Se trata de no poder comer o hacer tanto ejercicio como antes. Recuerdo que antes podía perder dos kilos en tres días a base de perritos calientes, queso fresco y galletitas saladas. ¡Ahora me cuesta tres semanas quitarme la mitad de encima! Vamos, que ahora engordo dos kilos con mirar un perrito caliente.

El duelo por la juventud perdida también implica darse cuenta de que, aunque nuestra mente quiera tirar, a lo mejor nuestro cuerpo ya no es capaz de funcionar igual. La muerte está más cerca y eso nos afecta en todos los aspectos, tanto si nos da miedo nuestra propia muerte como si tememos perder a nuestros seres queridos. Lo que está claro es que esta experiencia puede ser, como poco, frustrante, irritante y triste. Es como si, de la noche a la mañana, nuestro cuerpo hubiera aprovechado para cambiar mientras nuestra mente descansaba apaciblemente. A menos, claro está, que el insomnio se una a esta fiesta del envejecimiento. ¡Si no es una cosa, es otra!

No fue hasta el año pasado cuando empecé a notar que mi cuerpo estaba envejeciendo hasta el punto de afectarme emocionalmente. Durante mi divorcio, hice mil y un esfuerzos por hacer ejercicio, comer bien... pero acabé con la rodilla lesionada. Como ya no podía cuidarme igual, a mi cuerpo se le cayeron todos los años encima. Recordemos que también estoy con la perimenopausia, así que el doble revés que me llevé fue apoteósico. Ahora, noto que mis rodillas se están arrugando, que la piel de la cara está perdiendo su firmeza y que hay un encantador flotador en la zona de la cintura, donde antes todo era más plano que una meseta. Y por mucho que intente cuidarme, poco puedo hacer para revertir los cambios físicos. Todos los días tengo que recordarme a mí misma que tengo cincuenta y dos años y que mi cuerpo y cabeza ahora son distintos. Me digo que tengo que aceptar mi nueva vida y mi nuevo físico. ¡Si no lo hago, forzaré la máquina y acabaré en cama lesionada!

Cuando nos proponemos de verdad hacernos consciente de lo que nos ocurre a medida que envejecemos, podemos hacer ajustes y cambios que nos ayuden. Por ejemplo, ahora me permito dormir más y no cito a clientes a las ocho de la mañana, sino después de almorzar. Esto me da una inyección de energía para el resto del día. También hago ejercicio por la mañana, pero más tarde que antes, y así aprovecho más el tiempo que me quedo en la cama y tengo más fuerza cuando hago mi rutina de ejercicios.

Además, dejo margen entre cita y cita en mi agenda para tomármelo con más calma. Ya sabes, ese tipo de cosas. En resumen, intento ser consciente de mi nueva realidad y de lo que ahora necesito. ¡El hecho de que nos tomemos las cosas con más tranquilidad no significa que estemos peor!

A LOS ESPÍRITUS NO LES IMPORTA QUE ENVEJEZCAS

Los Espíritus entienden lo difícil que puede resultarnos envejecer, pero no le dan demasiada importancia. Al igual que ocurre con muchas pérdidas cotidianas, siempre nos señalan la parte positiva de lo que nosotros percibimos como una situación negativa. ¿Te has dado cuenta de que cada vez que sentimos que hemos perdido algo, los Espíritus están ahí para señalarnos lo que hemos ganado? A lo mejor ya no podemos ir de compras en nuestro propio coche, ¿pero no es un gustazo tener un Uber esperando en la puerta y no tener que pelearte por una plaza en un aparcamiento abarrotado? O tal vez no podemos salir como hacíamos antes, ¿pero por qué no aprovechar el tiempo para volver a jugar a las cartas, hacer *crochet* o pintar? Cuando envejecemos, ya no necesitamos un trabajo para sentirnos realizados, y como ya no hacemos tanto deporte, tenemos más tiempo para charlar tranquilamente con nuestros seres queridos, relajados en el sofá. Podemos reflexionar y contar nuestra experiencia vital a las generaciones más jóvenes; seguro que podemos enseñarles alguna que otra cosa. Los Espíritus nos aconsejan que utilicemos nuestro tiempo libre sabiamente y que transmitamos a los demás la sabiduría que hemos acumulado a lo largo de los años.

Siempre me emociono cuando veo las amistades que florecen en las residencias de ancianos, donde los mayores comparten las historias de sus vidas entre ellos y con los familiares más jóvenes, que están deseando visitarlos y escucharlos. La abuelita de mi clienta Kristina se hizo muy amiga de una mujer llamada Matilda mientras vivía en una residencia de ancianos. Cada semana, Kristina visitaba a su abuelita Nana y a Matilda, y les llevaba todo tipo de detalles: joyas hechas a mano, galletas caseras... y su favorito, un delicioso surtido de pollo frito. A las dos mujeres les encantaba contar historias de sus orígenes tan dispares: los de Nana como inmigrante italiana de Nueva Jersey y los de Matilda como afroamericana de Carolina del Norte. Siempre le contaban sus historias a Kristina... Bueno, y a cualquier otra persona con la que hablaran.

Kristina las visitó semanalmente durante años, y a veces hasta llevaba a sus amigas. Cuando falleció la abuelita Nana, la familia de Kristina empezó a invitar a Matilda a las comidas de Navidad. Kristina la acogió en su casa con los brazos abiertos y disfrutó lo indecible de su amistad, sin que la edad fuera un impedimento. Su vínculo recogió el legado de la relación que Matilda había atesorado con la abuelita Nana.

Parte de la razón por la que los Espíritus le restan importancia al tema del envejecimiento es porque en el Cielo eso no existe. Sólo nuestros cuerpos humanos envejecen, no nuestras almas. Cuando los Espíritus hablan de crecimiento, se refieren exclusivamente al del alma. Ahora bien, si un niño pequeño fallece, su alma podría manifestarse como la de un niño mayor si sus padres sueñan o piensan en el niño con esa edad. Podría incluso mostrarse con rasgos muy definidos, como los ojos azules o el pelo rizado, según lo que cada uno nos imaginamos de esa alma y cómo está creciendo en el Cielo. Como los padres quieren saber cómo son sus hijos en el Más Allá, los Espíritus les muestran un alma que ha crecido justo como ellos lo imaginaban. Los padres siempre dirán que así es como se imaginaban a su hijo, lo cual se presenta como una validación de que el alma del niño ha madurado y que es consciente de los deseos de sus padres.

Los Espíritus nos muestran el crecimiento usando el lenguaje visual que nosotros entendemos y podemos interpretar a este lado. Francamente, no creo que el alma envejezca como tal en el Cielo. De hecho, mostrarle a un ser querido que un alma ha crecido es una forma de ofrecer consuelo y ayudar a la persona a la que le hacemos la lectura, para que entienda que el alma está en otro nivel más alto, pasando por las etapas de maduración exclusivas del alma, gracias a las lecciones que aprende en el Más Allá. Algo muy interesante que también he observado son las almas que se manifiestan en una forma más joven que cuando fallecieron, como cuando una madre pierde a su hijo adolescente por una sobredosis de drogas, pero recuerda con cariño la vida feliz del niño con seis años. Esto no significa que el alma haya retrocedido; esa imagen sólo busca validar los pensamientos de los padres y darles todo el consuelo posible.

También he canalizado un montón de almas que han madurado espiritualmente mucho más de lo que el alma media logra una vez que está en el Más Allá. Si un niño muere al nacer, los Espíritus me hacen sentir que tengo un bebé en mis brazos que no para de crecer. Algunas veces, ese bebé imaginario crece mucho más que otras almas. Siento con claridad cómo pasa de ser un bebé muy pequeño a un treintañero hecho y derecho, lo que me indica que el niño ha crecido a pasos agigantados en el Más Allá. Y es entonces cuando puedo ver detalles que coinciden con la percepción que tienen los padres del aspecto de su hijo, como una buena caballera, un bigote, una complexión robusta, unos ojos como los del padre... Esto se corresponde con la idea que he mencionado antes de que los detalles que percibo están destinados a reconfortar a los padres a los que les hago la lectura.

Otro signo de que un alma ha alcanzado una gran madurez es cuando un niño muere muy joven y visualizo su cuerpo a esa edad, pero algo me hace sentir que el alma del niño es mucho más evolucionada. Una vez canalicé a una niña que falleció a los cuatro años, pero al mismo tiempo sentí que tenía cuarenta. Te aseguro que era un alma adulta y muy sabia; los Espíritus me estaban transmitiendo que era muy madura espiritualmente y que daba igual los años reales que hubiera tenido.

TERROR ANTE EL ENVEJECIMIENTO

Una de las principales razones por las que sufrimos el proceso de envejecimiento es que tenemos miedo. Quizá tengamos miedo de morir, de depender demasiado de los demás o de no parecer o actuar como la persona que hemos sido durante toda nuestra vida. Tal vez tengamos miedo de convertirnos en una carga para nuestra familia, o incluso para extraños con buenas intenciones. Los Espíritus nos dicen que no debemos temer estas cosas. Mañana podríamos cruzar la calle, que nos atropelle un coche y morirnos. La edad no es el único factor que afecta a la forma en que nos movemos por la vida y a cómo cambia nuestra identidad.

He perdido la cuenta de las almas que canalizo y que me dicen que lo realmente importante es la calidad de vida durante los años que han pasado en la Tierra, y no la cantidad. Enfermedades inesperadas y accidentes extraños les quitaron la vida de un día para otro, y el envejecimiento nada tuvo que ver en su destino final. Al fin y al cabo, los Espíritus insisten en que, cuando nos llega la hora, no hay nada que podamos hacer. A todos se nos concede un tiempo en este lado antes de morir, que podemos llegar a alargar con factores como nuestras elecciones, las lecciones que aprendemos y las que les toca aprender a los que nos rodean. Cuando aceptamos nuestro futuro incierto como tal, nos damos cuenta de que no podemos controlarlo y que lo mejor es que nos rindamos y aceptemos lo que Dios nos tiene reservado. Al menos eso es lo que hago yo.

Mantra: «Puede que sea mayor,
pero sigo valiendo un montón».

A las personas que les cuesta aceptar su edad les preocupan sobre todo los cambios externos y la impresión que los demás tienen de ellas. Conozco a una mujer llamada Loren que tiene cuarenta y ocho años y que empezó a llorar la pérdida de su juventud cuando se le cayó el pelo a mechones durante ocho meses. «Nadie sabía lo que estaba pasando», dijo. «Los médicos me dijeron que era una alopecia relacionada con el estrés o con la edad. Estupendo». Desde entonces, a Loren le cuesta mirarse al espejo y aceptar los cambios físicos. «Odio los espejos, porque sólo puedo ver la juventud que he perdido. Cada día me veo una nueva arruga, una mancha más y las ojeras más marcadas. No me gusta ver la televisión porque todo el mundo parece tan perfecto y joven... Me deprime. Mis pechos se están cayendo y mis piernas ya no están como antes». Admite que, además de mentir sobre su propia edad —incluso en Facebook—, también miente sobre la edad de sus hijos. «Suelo decir que tienen un año o dos menos», confesó. «Me molesta que la gente me pregunte la edad y salto a la primera de cambio. No quiero que nadie se entere». Cuando se detiene a pensarlo, Loren sospecha que sus complejos mezclan una parte más estética y otra más relacionada con un duelo por los remordimientos que arrastra por el pasado. «Sueño con ser más joven y rehacer mi vida. Veo a mi hija, tan guapa y con toda la vida por delante, y me da envidia».

Los Espíritus nos dicen que muchos de nosotros le tenemos pánico a los factores externos, que cambian a medida que envejecemos y que contribuyen a ese miedo general a envejecer y a las pérdidas consecuentes que sufrimos. Puede que perdamos nuestra carrera profesional, que dejemos nuestro hogar y que nos mudemos a una residencia de ancianos, que nos tengamos que adaptar a un nuevo estilo de vida y a otro nivel económico. Nuestros hijos crecerán y se mudarán, y poco a poco nuestros amigos pasarán a mejor vida. Nuestra memoria puede empezar a deteriorarse, y puede que no podamos comunicarnos como antes. Ya no seremos tan activos como solíamos ser.

Los acontecimientos relacionados con la edad pueden recordarnos el paso del tiempo, con los buenos tiempos en el pasado y los más aterradores aún por delante, lo que también contribuye a nuestro dolor. Mi clienta Tess, que tiene setenta y un años, dijo que había llorado por cumplir años en tres momentos clave de su vida. La primera vez fue cuando dejó de ser joven y estar a la última, una época en la que también se recuerda como un auténtico bellezón. «Era alta y delgada, con el pelo y los ojos oscuros. Me volví loca con la estética y la "britmanía" setentera: escuchaba a los Beatles a todas horas, llevaba el pelo liso como una tabla y lucía las minifaldas como nadie», me contó. «Era muy coqueta y disfrutaba cuando los hombres coqueteaban conmigo. Tenía un sentido del humor sarcástico, era muy avispada y tenía encanto. Me pasé años saliendo con los "malotes" de la ciudad hasta que conocí a un hombre decente. Me casé y cambié la ciudad por un pequeño pueblo de Virginia. Y tuve hijos. Fue entonces cuando me di cuenta por primera vez de que mi juventud, mi vitalidad y mi imagen física estaban cayendo en picada». En ese momento, Tess dijo que, por mucho que hiciera dieta o hiciera ejercicio, ya no podía volver a ser la mujer que fue veinte años atrás.

Cuando llegó a los cuarenta y largos, Tess se dio de bruces con la realidad cuando se separó temporalmente de su marido y se fue de crucero con tres amigas solteras por el Mediterráneo. «¡En cada puerto había un griego alto, moreno y guapo!», comentaba. «Sin embargo, bailaban, cenaban y se tomaban copas con mujeres a las que les sacaban el doble de edad. Y ahí es donde me di cuenta de que las mujeres de mi edad eran invisibles para los hombres también maduros, algo que no hizo sino reforzar mi pánico a envejecer. La juventud, la confianza en mí misma y hasta mi optimismo se me escurrían de entre los dedos sin poder hacer nada. Lloré la pérdida de mi juventud por segunda vez y la afronté volviendo a los brazos seguros de mi marido».

Más adelante, Tess tuvo una tercera revelación, la más conmovedora de todas. Su mejor amiga, Pat, a la que describe como «la Madre Tierra y la Madre Teresa fusionadas» murió de un infarto cuando hablaba por teléfono con Tess. «Eso me hizo muy consciente de que la muerte puede quitarnos lo que más felices nos hace», dijo Tess. «Mi amiga era una católica devota y la personificación de la "mujer virtuosa" mencionada en los Proverbios 12:4. Sé que por eso dijo que vio a un ángel vestido de blanco sobrevolándola mientras agonizaba. Está claro que se la estaban llevando al Cielo». Y aunque Tess dice que en ese momento se enfrentó a su propia mortalidad, no le teme a la muerte. «Soy una mujer de fe y espero reencontrarme con Pat y mis otros seres queridos que ya están en el Más Allá. Me da más miedo caer enferma o quedarme incapacitada y ser una carga para mi familia que el hecho de abandonar este plano». Esta última preocupación es muy común entre quienes sentimos el peso de la edad.

NO TEMAS A LO DESCONOCIDO

Los Espíritus dicen que lo que realmente nos da miedo a la mayoría de nosotros cuando envejecemos es lo desconocido. Sin embargo, los Espíritus dicen que no hay que preocuparse. Dios no quiere que nos escondamos bajo las sábanas hasta que nos llegue la hora. Tenemos que seguir activos y recordar que la vida consiste en crecer y experimentar. Sí, nos hacemos mayores, pero también vamos a dejar un legado. Céntrate en eso y asegúrate de que se cumpla.

Mi amiga Shelley tiene sesenta y ocho años, y a menudo se lamenta de que su cuerpo ya esté mostrando signos de la edad. Aun así, está decidida a vivir cada momento con placer y como si fuera el último. «No sé ni por dónde empezar», me dice. «A ver, me levanto todos los días con los músculos agarrotados, aunque no haya hecho ejercicio. Últimamente, me duele el cuello. A pesar de haber estado físicamente activa durante más de cuarenta años, ahora me cuesta agacharme y levantarme del suelo. He sido *runner*, instructora de aerobic y de ciclismo, profesora de pilates y de *barre*, excursionista, ciclista... todo lo que te imagines. Antes podía ponerme a hacer ejercicio los siete días de la semana nada más levantarme de la cama. ¡Ahora ni hablar!».

Shelley añadió que la vista también se le está estropeando y que depende de unas gafas de noche y de otras para leer, y eso que antes tenía una visión de lince y nunca había necesitado usar lentes de contacto o gafas. Shelley también añadió que, cuando se mira en el espejo, añora la firmeza de su cara y que tiene ganas de gritar cuando ve la piel flácida y fofa de sus brazos. «Antes me decían que tenía unos brazos espectaculares», comentaba. «Me cuesta mucho asumir que ahora ya no parecen tan finos y que la piel ha perdido su elasticidad».

Cuando se jubile, Shelley podrá viajar todo lo que quiera, pero con la pérdida de masa muscular le preocupa «no poder ni subir mi propia maleta a los compartimentos superiores del avión y depender de alguien para desplazarme en coche. Mi mayor deseo es seguir siendo independiente durante los años que me queden». Y aunque no le teme a su propia muerte, a Shelley sí le aterra la pérdida de sus seres queridos. «Como ellos envejecen a medida que lo hago yo, lo que más me asusta es vivir más que ellos, sin su amor y afecto», reconoce.

Claro que Shelley es consciente de que su cuerpo está cambiando y reflejando la edad que tiene, pero, aunque no puede evitar que eso ocurra, sabe que sí puede controlar cómo gestiona ese proceso inevitable. Los Espíritus consideran que la forma de procesar el duelo de Shelley es muy novedosa; lamenta su pérdida sin ahogar sus penas a base de *smoothies*, pero luchando contra los cambios de su cuerpo. «Llevo el duelo de forma activa, sigo moviéndome continuamente, sigo montando mi bicicleta y caminando a todas partes siempre que puedo. Hago clases de *barre* y pilates. Siempre soy la señora mayor de la clase. Mi cuerpo está transformándose, pero no tengo por qué cruzarme de brazos y resignarme. Me esfuerzo por mantenerme lo más joven y sana posible».

Los Espíritus dicen que otra alternativa es la aceptación, es decir, resignarse a envejecer y aceptarlo con gracia y sabiduría. Recibamos con los brazos abiertos lo que el envejecimiento nos aporta: sabiduría, fortaleza espiritual y cosas similares. No tenemos por qué controlar o luchar contra un proceso natural de nuestro cuerpo. Podemos dejarnos las canas y permitir que las líneas de expresión de toda una vida de risas formen surcos profundos en la cara; todo eso es una señal de que hemos tenido una buena vida. Envejecer puede ser un proceso muy bello si le damos una perspectiva positiva.

¡Buen duelo!

Hay gente que cree que envejecer es como si la vida se les acabara. ¡Para nada! Y si no, llévate a un familiar o amigo mayor a comer y pregúntale qué es lo que más valora de envejecer. Fíjate en cómo se le ilumina la cara cuando habla de sus clases de manualidades o de ese nuevo amigo que vive al final del pasillo en la misma residencia. Cierto, nuestras alegrías son más sencillas cuando envejecemos, pero también son mucho más enriquecedoras y aprendemos más de ellas. Claro que podemos llorar, pero luego nos toca adoptar una postura más positiva y fijarnos en la realidad, como la que nos cuentan esas personas.

14

CUANDO TU «NIDO» SE QUEDA VACÍO

Cuando tus hijos se marchan de casa y dejan el «nido vacío», es posible que sufras varias pérdidas a la vez. Puede que sientas que tu vida ya no tiene sentido y que te preguntes qué vas a hacer tú ahora que tus hijos van a hacer su propia vida. También puede que te preguntes constantemente si ellos seguirán preocupándose por ti y que no sepas cómo llenar ese vacío que dejan cuando se van. O que te cuestiones si has criado a tus hijos como deberías y si los has guiado por el mejor camino.

Admitámoslo: como padres, estamos acostumbrados a controlarlo todo, incluso la vida de nuestros hijos, pero cuando se marchan del nido, no puedes controlar dónde están, con quién, qué comen, cómo conducen, etc. Los Espíritus dicen que el síndrome del nido vacío puede ser un buen punto de partida para comenzar una nueva vida llena de ilusión o, por el contrario, llevarte al hoyo más profundo si te descuidas. Y tú, ¿qué prefieres escoger?

LAS AVES DEL MISMO PLUMAJE
NO SIEMPRE VUELAN JUNTAS

El famoso síndrome del nido vacío ocurre cuando los padres se sienten tristes, solos y llenos de dolor cuando sus hijos se van de casa. Los Espíritus dicen que es normal que queramos que nuestros hijos crezcan y se independicen, pero que llegado el momento también sintamos una enorme sensación de pérdida cuando pasa. Puede que vayan a la universidad, tengan sus propias relaciones y/o comiencen sus carreras. Algunos describen su partida como agridulce, porque, por un lado, has criado a tus hijos para que sean lo suficientemente independientes como para vivir sin ti, pero por otro, bueno, vivir sin ellos puede ser difícil de digerir. La pena, la depresión, la pérdida de objetivos, la soledad, la pérdida de conexión y la tristeza pueden aparecer fácilmente.

Los hijos son el centro de nuestro mundo. Por eso, los padres sufrimos tanto al verlos ir. Seguimos queriendo a nuestra pareja, pero la relación cambia y pasamos de ser padres a tiempo completo a ser meros consejeros en la distancia, o ni eso. Aunque hemos educado a nuestros hijos para que sean capaces de valerse por sí mismos, no podemos evitar preguntarnos si el hecho de que se separen de nosotros es porque ya no nos necesitan. Hemos enseñado a nuestros hijos a ser independientes, pero ahora también nos toca a nosotros serlo. ¡Por muy buenas intenciones que tengamos y esfuerzos que hagamos, todo parece volverse en nuestra contra!

Hasta que recuperemos nuestro centro y nos adaptemos a

nuestro nuevo papel, el síndrome del nido vacío puede incluso hacernos perder nuestra identidad. Y si nos hemos acostumbrado a ejercer de padre entrenador o de madre de la Asociación de Padres de Alumnos, puede que nos cuestionemos nuestro nuevo rol y propósito. ¡Reinventarnos no es cosa de un día! Ahora que no somos padres a tiempo completo, ¿quiénes somos? A medida que nuestra identidad como padre o madre cambia, puede que nos sintamos más como amigos o confidentes esporádicos, o como una billetera andante. La vejez puede parecernos más próxima que nunca, y acabamos pensando en la muerte sin venir a cuento.

Un conocido, Brian, lo pasó muy mal cuando su hijo Greg se fue a la universidad. Hasta entonces, Brian se consideraba un amo de casa y presumía del título con orgullo. Cocinaba para su familia, organizaba las actividades deportivas extraescolares de su hijo, llevaba a Greg o a sus amigos en coche a todas partes y siempre se esforzaba por estar muy presente en la vida de Greg. Su mujer trabajaba a tiempo completo y valoraba muchísimo todo lo que hacía su marido. Por eso, cuando Greg dejó de estar tan presente, Brian sufrió una gran crisis de identidad. Sin un hijo del que estar pendiente, sintió que se perdía a sí mismo hasta cierto punto. Brian encontró un trabajo a tiempo parcial en Home Depot que lo ayudó a mantenerse ocupado y a forjarse una nueva identidad profesional. También trabajó como voluntario en una organización del centro de la ciudad que llevaba a los niños a eventos, juegos y actividades a los que de otro modo no habrían podido ir. Y aunque esto no llenó el vacío que había dejado la partida de Greg, Brian fue recuperando su vida poco a poco y recuperó la alegría de vivir. Además, forjó una relación renovada y más madura con su hijo y consigo mismo, no a pesar de la ausencia de Greg, sino justamente gracias a ella. Como padre, no se entrometía en la vida de su hijo, sino que era más bien su apoyo.

Yo no sufrí el síndrome del nido vacío porque cuando mi hijo, Larry, se fue a la universidad, mi abuela estaba enferma y yo ya estaba empezando a rodar *Long Island Medium*. Todo eso me mantenía muy ocupada y me llevó por otro camino, ayudándome a superar ese vacío. Sin embargo, puedo imaginar lo que se siente porque, cuando estoy sola en casa, tengo tiempo para mí misma y los niños no están, echo de menos tenerlos cerca. Les envío muchos mensajes de texto, pero también reflexiono sobre lo agradecida que estoy de que sean buenos chicos. Se valen por sí mismos y están a salvo. Y aunque mi nido está vacío, eso es lo que siempre he querido para mis hijos. Cuando pienso en todos los bonitos momentos que solía pasar con ellos, como ir de compras con Victoria e ir a los partidos de Larry cuando era niño, se me encoge el corazón, ¡pero luego se me pasa y me paso el día bailando como Dios me trajo al mundo por la casa, celebrando mi libertad!

Todos pasamos por momentos en los que echamos de menos a nuestra familia tal y como la disfrutamos en su momento, y siente pena por cómo ha cambiado, pero intento no venirme abajo. Si tengo un mal día porque no puedo dejar de pensar en mi nido vacío, pienso en mis padres y los llamo para saber cómo están. Estoy segura de que mis hijos me echan tanto de menos como yo a ellos, sobre todo ahora que son más mayores.

Mi madre afrontó esa pena de otra forma. A mí me contó que cuando mi hermano pequeño, Michael, se fue de casa a los dieciocho años, lo llevó peor que conmigo, porque él no se mudó a la casa de al lado, como yo lo hice a los veintidós. Para mamá fue especialmente duro porque entonces no había teléfonos móviles y se comunicaban por carta, ¡y algunas eran de hasta diez páginas! En mi caso, aunque me mudé a la casa de al lado cuando me casé, mamá decía que notaba mucho mi ausencia porque éramos las mejores amigas y hacíamos muchas cosas juntas. Mamá se alegró mucho por mí, pero no era lo mismo que tenerme cerca todo el tiempo.

Después de que mi hermano y yo nos fuéramos de casa, mamá me contó que su relación con nosotros cambió, pero de una forma muy sana. Nos dio espacio para vivir nuestra propia vida y nos animó a tomar nuestras propias decisiones, con todas las consecuencias que eso implicaba. Con el tiempo, mamá llegó a apreciar las ventajas de ese nido vacío: «La verdad es que era un gusto poder dormir con la puerta de la habitación abierta», dijo riendo. «También pude pasar más tiempo con mi marido y dedicar más tiempo a los álbumes de *scrapbooking* para plasmar los recuerdos de su infancia. Empecé a escribir un diario y pasé más tiempo con amigos adultos, hablando de nuestros propios pasatiempos y no sólo de lo que hacían los niños». Mamá decía que lo que le hacía más llevadero todo era asegurase de que mi hermano y yo supiéramos que siempre podríamos volver a casa cuando quisiéramos.

RECOLOCA TUS ALAS Y VUELVE A VOLAR

Para acostumbrarnos a nuestro nido vacío, los Espíritus nos mandan algunos consejos. En lugar de deprimirnos, lo mejor es ver ese momento como un motivo de alivio a la par que de orgullo porque tus hijos pueden ganarse la vida. Igual que lo vivió mi madre. Es normal que nos entre ansiedad si ahora no sabemos cómo ocupar el tiempo, así que ya sabes, ¡prepárate a llenar la agenda! Piensa en cómo vas a cuidarte tú ahora que no vas a cuidar tanto de los demás. Te ayudará dedicarte a tu autocuidado y buscar apoyo social fuera de la familia, incluso en un *counselor*, si lo necesitas. Busca pasatiempos que te interesen, céntrate más en tu carrera profesional, haz nuevas amistades y viaja. Conecta con otras personas que estén pasando por lo mismo que tú. Trabaja en ti mismo, cuida más tu matrimonio y sal de tu zona de confort. Emprende nuevas rutinas, da largos paseos matutinos o haz excursiones nocturnas con tus mascotas y tu familia. Convierte las habitaciones vacías en lugares especiales, como espacios de meditación o de manualidades. Si te sobran metros cuadrados, puedes incluso mudarte a un lugar más pequeño y acogedor. Eso sí, si cambias de lugar, prepárate para experimentar una pérdida de un hogar, algo que nos podría dificultar cómo afrontamos el síndrome del nido. Sea como fuere, recuerda: no pasa nada, todo eso es normal.

No queremos asediar a nuestros hijos con un sinfín de correos electrónicos, llamadas y mensajes, porque eso sólo lleva a una espiral de culpa y ansiedad. Sé razonable con las llamadas y los mensajes de texto. Relájate. Sigue el ejemplo de tus hijos. Date cuenta de que tu papel está cambiando, y honra ese cambio tan encomiable. Seguro que tus hijos acabarán necesitándote de otra forma, así que ya es hora de que tú también les demuestres lo mismo.

Estoy especialmente orgullosa de cómo ha gestionado mi

clienta Renee su síndrome del nido vacío. Tiene dos hijas que consiguieron independizarse; ambas se han graduado en universidades de prestigio y han encontrado su lugar en el mundo. «El nido se quedó totalmente vacío cuando cumplí cincuenta y tres años», me dijo. Sin embargo, la transición no fue fácil. La hija mayor de Renee escogió una universidad especialmente dura, por lo que su pérdida pasó a un segundo plano y se centró en el bienestar emocional de la niña. «La echaba de menos, pero me di cuenta de que mi preocupación era mayor que mi pérdida», comentaba Renee. «Mi hija también jugaba al *lacrosse* y pude visitarla con frecuencia sin dar la impresión de ser una madre controladora». Cuando la segunda hija de Renee se fue a una universidad a siete horas en coche de su casa, fueron otros los motivos que la preocuparon. ¿Y si se ponía enferma, triste o echaba de menos la comida de casa? ¡Estaba muy lejos!

«En general, lo que más sentí fue tristeza, ansiedad y soledad», resumió Renee. «Me volví una controladora de mis hijas por las redes sociales y las bombardeaba con mensajes de texto. No saber dónde estaban las niñas, con quién se juntaban, si comían o dormían bien me preocupaba mucho». Renee admite que sigue siendo un poquito intensa con los mensajes, pero que sus hijas saben que no le importa si no responden al momento. «La mayor apenas tenía tiempo para llamar cuando estaba en la universidad, pero ahora nos llama a mi marido cuando va de camino al trabajo y a mí en el trayecto de vuelta a casa», explicó. «Mi hija pequeña es la que llama más a menudo. También voy a verlas y las llevo de cena con sus amigos, y lo pasamos genial».

Aunque la familia consigue permanecer unida, Renee me comentó que también siente que ha perdido el control de la vida diaria de sus hijas. «He pensado mucho en el tema, pero espero que todo lo que les dije sobre ser una buena persona, esforzarse, disfrutar de la vida y ser felices les haya calado. Echo de menos verlas dormir y saber lo que están pensando», dice. «Asomarme por la puerta y verlas trabajando en la computadora me tranquilizaba. Sabía que estaban bien».

Renee dice que la relación con sus hijas ha cambiado, ¡pero para bien, por suerte! «Creo que mis dos hijas ahora aprecian más nuestra relación y disfrutan más de mi compañía que cuando vivían conmigo», resumía. Aun así, a Renee le sigue dando pena cómo ha cambiado su rol de madre. «He pasado de ser una madre a tiempo completo a ser una madre de guardia. Por supuesto, acudo siempre a su rescate. Tengo un tono de llamada específico para mis hijas y estoy disponible para ellas siempre que me necesiten», concluyó.

Mantra: «Mi casa está vacía, pero mi corazón está lleno».

Para sobrellevar su pérdida, Renee piensa en lo orgullosa que está de las mujeres adultas en las que se han convertido sus hijas e intenta pasar más tiempo con sus propias amigas jugando al *mahjong*. Lee más artículos para el trabajo y charla largo y tendido con su marido, mucho más que antes. Aun así, Renee dice que la vida todavía aún no le parece del todo «normal». «Sobre todo cuando echo de menos a mis hijas; entonces, me obligo a recordar que las crié para que fueran fuertes y lucharan por sus sueños», dijo. «Aunque las extraño muchísimo, están consiguiendo exactamente lo que yo quería».

Si después de reajustar nuestras expectativas, nuestra propia percepción y nuestro calendario de actividades seguimos sin acabar de encontrarnos bien, los Espíritus dicen que nos apoyemos en las almas del Cielo que mejor entiendan esta situación, como todos esos abuelos difuntos que pasaron por lo mismo décadas atrás. Podemos pedirles su apoyo para esta etapa a través de la oración. Para ello, tendremos que visualizar lo que supuso para ellos que nuestros padres se fueran de casa y cómo se sintieron. Al visualizarlos en nuestra mente, invocaremos su energía para que nos apoyen. De hecho, los Espíritus dicen que sus almas están con nosotros en el momento exacto en el que pensamos en ellos con este propósito.

¡Buen duelo!

¿Tus hijos han dejado de usar un cuarto o abandonado una habitación que intensifica ese síndrome del nido vacío? Utiliza el lugar para recuperar la alegría y no convertirlo en un motivo de dolor. Conviértelo en un estudio, un pequeño gimnasio, una sala de juegos o un espacio para hacer manualidades. Elige una actividad que hayas abandonado mientras criabas a los niños y vuélcate en ella en esa habitación. Utiliza ese tiempo libre para cuidarte a ti misma.

15

CUANDO PERDEMOS
LA RUTINA AL JUBILARNOS

Los Espíritus dicen que la parte más difícil de jubilarse es renunciar a nuestra rutina habitual. Por eso, para tener un día redondo y satisfactorio tenemos que reorganizarnos. Es normal que nos aburramos y que nos cueste decidir con qué llenar nuestro tiempo y con quién. Además, me he dado cuenta de que la salud de algunos de mis clientes empeora después de jubilarse, porque se convierten en unos auténticos ermitaños y no salen de casa ni a comprar el pan. Entiendo que pueda parecernos que nuestra vida «se ha terminado» una vez que nos adentramos en la tercera y última edad; ¿qué vamos a hacer ahora? Pues aquí van un par de ideas: algunas personas hacen voluntariado y otras descubren nuevas aficiones. Lo que está claro es que la jubilación puede hacer que nos cuestionemos nuestra propia identidad.

No todos los jubilados llevan mal serlo, faltaría más, pero los Espíritus me dicen que cuando estamos deprimidos se nos enturbia el alma. Los que sufren la pérdida de su rutina han pasado de tener un trabajo muy exigente con un horario vertiginoso a salir sólo para ir por un sándwich mixto con huevo y jugar un boleto de lotería al deli del barrio. Nos puede parecer aburrido, pero, a estas alturas, ya imaginarás que tanto los Espíritus como yo te animamos a que veas la oportunidad en esta pérdida e incorpores a tu vida algo que no hacías antes. ¡No hemos trabajado tanto toda nuestra vida como para no disfrutar ahora de esta nueva etapa!

ES NORMAL TENER SENTIMIENTOS ENCONTRADOS

Aunque una parte de nosotros esté feliz de jubilarse, también es normal que suframos ciertas pérdidas: podemos perder nuestra identidad como trabajadores, nuestra posición en la sociedad, nuestros ingresos y nuestro propósito en la vida. Y todo sin darnos cuenta, pues estas pérdidas pueden ir asomando la cabecita de a poco, con el paso del tiempo. Si nuestra vida nos parece menos plena es fácil caer en la depresión, porque estamos dejando atrás partes de nosotros mismos muy valiosas de las que hemos llegado a depender. En lugar de agobiarnos por la presión que supone cambiar a la vida de jubilados, los Espíritus quieren que nos concentremos en agradecer los años que hemos pasado en el trabajo y dejarlos ir de forma natural. Así, nos sentiremos orgullosos de nosotros mismos en lugar de lamentarnos por cambiar de etapa.

Mi primo John se jubiló a los cuarenta y ocho años después de haber sido agente de policía toda la vida, y nos puede contar los sentimientos encontrados que experimentó en esa transición, incluido el orgullo de todo lo que había conseguido hasta entonces. John entró en el Departamento de Policía de la Ciu-

dad de Nueva York a los veintiún años. Le encantaba la acción:
«Era como tener un asiento en primera fila en el espectáculo
más emocionante del mundo», me dijo. Al cabo de tres años y
medio, cambió de departamento por un salario más alto; cinco
años después, decidió dejar de patrullar para trabajar en la jefatu-
ra del departamento. Fue en esa misma época cuando también
se convirtió en representante sindical. Finalmente, le pidieron
que se uniera a la unidad de evaluación de conductores ebrios.
«Me convertí en un experto en el campo y acabé dirigiendo la
unidad», recuerda John. «Hacía pruebas a los conductores ebrios,
entrenaba a los policías, reparaba los instrumentos científicos, los
calibraba, enseñaba a los agentes a utilizarlos, formaba a los nuevos fiscales y testificaba en los tribunales casi a diario. La unidad
funcionaba las veinticuatro horas del día. También ascendí en el
sindicato. Llegué a ser miembro de la Junta de Dirección».

John tomó la decisión de pedir la jubilación anticipada... y
cuanto antes, mejor. No habían pasado ni tres meses cuando por
fin llegó el día. «Al principio, sentí que me quitaba un peso de
encima», confesó. «Me sentí eufórico porque ya casi podía oler
la libertad. El tremendo estrés por el que pasaba a diario pronto
sería cosa del pasado. El agotamiento físico y los problemas de
salud que sufría por trabajar sesenta y cinco horas a la semana
también desaparecerían. Y por fin me involucraría más en las
vidas de mis hijos». Sin embargo, a medida que se acercaba el
día de su jubilación, John se agobió mucho. «Empecé a cuestionar mi decisión de dejar esa vida; de renunciar a la identidad y
la carrera profesional que habían ocupado una gran parte de mi
vida adulta», contó. Aunque la transición daba miedo, al final se
hizo más bien agridulce. «No tengo una vida tan ajetreada, lo que

tiene sus cosas buenas y malas», dijo. «Pero, en general, estoy más tranquilo y relajado. Disfruto de la vida con calma. Viajo por el mundo y disfruto de las cosas a mi ritmo».

Mantra: «No basta con empezar un nuevo capítulo; comencemos un libro nuevo. ¡Los cambios son buenos!».

Pero John también añora muchas cosas de su trabajo. «Echo de menos ciertas partes de mi rutina», dice, «y el hecho de que mi trabajo tuviera unos reglamentos firmes. Pero lo que más echo de menos es a mis compañeros de trabajo. Éramos como una familia». John pudo reducir la carga de trabajo poco a poco, lo que lo ayudó a adaptarse a su nuevo estilo de vida. «Tuve suerte», dijo. «Al ser una parte tan importante del programa de control de ebriedad, me pidieron que siguiera presentándome en los juicios después de mi jubilación. Y así fue durante dos años. Iba a los tribunales entre tres y cinco días a la semana. Creo que eso facilitó mi transición. Seguía viendo a mis compañeros de trabajo todas las semanas y me seguían tratando como a uno más».

Con el tiempo llegó la jubilación a tiempo completo, y con ella una disminución del nivel económico y los ingresos de John, lo que le hizo cambiar el sentido de su propósito. «Mi poder adquisitivo se redujo. Como me dijo una vez un compañero de trabajo mayor que yo: "Cuando estás fuera, ya no hay marcha atrás"», añadió John. «Mis ingresos también se redujeron más de la mitad. Así que sí, echo de menos el dinero que ganaba. He tenido que optar por un estilo de vida más modesto. Nunca he perdido de vista mi propósito, pero ahora es distinto. Siempre he sido de los que arreglan el mundo, pero ahora también consigo mantenerme ocupado a diario. Tengo muchas otras aficiones, amigos y actividades fuera del departamento de policía».

Aunque hacer menos cosas al día e ir a un ritmo propio tiene sus luces y sombras, John no puede evitar echar de menos la acción de vez en cuando. «A la gente le solía contar que mi vida era como la de ese payaso del circo que todas las mañanas se subía a un cañón gigante y salía disparado a través de tres aros. Nunca sabes cuánta pólvora van a utilizar cada día y sólo te queda rezar para que la red de salvación esté bien colocada». Aunque John no ha sufrido depresión ni ansiedad desde que se retiró, dice que conoce a policías que han acabado muy afectados al jubilarse porque les gustaba mucho su trabajo.

John no sólo dejo atrás sus obligaciones cuando dejó su trabajo, sino también una parte de sí mismo, pero de un modo positivo. «Siempre tuve una gran responsabilidad. Tenía que mantener el programa y el laboratorio construido por mí mismo siempre funcionando y sin errores», me contó. Cuando la jubilación estaba próxima, buscó en el departamento de policía a un agente que mostrara el mismo rigor científico que él y que incluso quisiera mejorar el programa que el propio John había creado. Cuando lo encontró, le dio la formación necesaria para que siguiera sus pasos, algo que a mí me pareció una tarea ciertamente difícil. «He dejado una parte de mí como legado», dijo. ¿Qué más se puede pedir?

PREPÁRATE PARA LO QUE ESTÁ POR VENIR

A medida que nuestra jubilación se acerca, los Espíritus nos aconsejan que hagamos todo lo posible para prepararnos para esta transición y asegurarnos un futuro lleno de alegría y salud: ocuparnos de esas costosas citas con el médico que hemos ido dejando, consultar a un buen asesor financiero, buscar un lugar para vivir que no nos cueste un dineral... ese tipo de cosas. También deberíamos planear cómo vamos a ocupar nuestro tiempo y evitar así esa confusión y desorientación que nos puede pillar desprevenidos cuando nos jubilamos. Es posible que echemos de menos el ajetreo del trabajo a tiempo completo, así que lo mejor es planear nuestro tiempo libre, organizar viajes y unirnos a todos los clubes que podamos para estar ocupados. Las aficiones, las actividades comunitarias y los eventos familiares nos ayudarán a llenar el hueco que dejó ese empleo. También podemos centrarnos en un propósito concreto y pensar en lo que nos aporta para seguir dedicados a una pasión fuera del lugar de trabajo.

Debemos reinventar la idea de lo que significa ser productivos. Ya no consiste en captar clientes o ganar un sueldo de varios ceros. A lo mejor, podemos establecer el número de partidas de golf que jugamos a la semana o de cenas que organizamos al mes como los nuevos puntos de referencia para medir nuestra satisfacción. Mi amiga Anna acaba de jubilarse y, aunque cuando se mudó a Florida tenía la sensación de tener demasiado tiempo libre en esa nueva fase de su vida, ahora está felizmente ocupada con clases de *barre*, grupos de *mahjong*, noches de trivia y fiestas en la piscina del club de golf de la ciudad. Tardó unos meses en hacer nuevas amigas, a las que ahora llama cariñosamente su «tribu». Hace poco, su hija se tuvo que operar y Anna voló a Connecticut para cuidar de su nieto pequeño mientras su hija se recuperaba. Anna nunca habría podido hacerlo si siguiera trabajando como profesora, así que se sentía muy agradecida de que la jubilación le permitiera moverse con libertad.

«Tienes que encontrar a la gente, las actividades y el nuevo estilo de vida que más vaya contigo y lanzarte sin mirar atrás», dijo. «Es un gran cambio respecto a mi vida anterior, pero que sea diferente no significa que sea peor. En realidad, me beneficia más en muchos sentidos, pero para volver a disfrutar de mi vida tuve que moverme y tomar las mejores decisiones. No podía quedarme de brazos cruzados y esperar a que fuera la jubilación la que llamara a mi puerta».

También podemos invertir nuestro tiempo en las aficiones y organizaciones en las que antes sólo participábamos ocasionalmente. Podemos perfeccionar nuestra destreza con las acuarelas o devorar libros sobre un tema que nos apasione, o podemos hacernos voluntarios de una causa que nos toque la fibra sensible. Mi padre, por ejemplo, es bombero voluntario, comisario de aguas, miembro del consejo de la comunidad y forma parte de la hermandad Caballero de Colón con un rango de Quinto Grado, entre otras muchas cosas. De hecho, hace tanto por la comunidad de Long Island que siempre acaban premiándolo por su compromiso. Mi madre, por su parte, pasa mucho tiempo con las actividades de voluntariado de su iglesia. Así, ambos se mantienen entretenidos y con la mente ocupada. ¡Siempre me impresiona ver lo realizados que se sienten pudiendo tener tanto tiempo libre! De hecho, a veces hasta me olvido de que mis padres están jubilados, porque conseguir que mi madre conteste el teléfono es toda una hazaña, o que mi padre venga a verme, especialmente cuando se pasa la vida en su huerta con sus tomates. Lo más importante es que mis padres son muy felices con sus planes, que les dan un propósito para levantarse cada día. Siguen moviéndose y socializando, siempre con mucho ánimo para que el cuerpo y la mente estén lo más activos posible y llenos de energía de juventud.

A menudo pienso en cómo será mi jubilación, ¡pero al momento pienso que jamás me jubilaré y ya está! Me encanta lo que hago y no me imagino haciendo otra cosa. La gente siempre necesitará el don de la sanación. ¿Bajaré el ritmo y viajaré menos? ¿Escribiré menos libros? Por supuesto. Puede que no haga tantas cosas a la vez, pero nunca dejaré de estar activa. Me adentraré en la siguiente fase de mi carrera de forma gradual, mi agenda estará menos repleta y descansaré mucho más. Le dedicaré aún más tiempo a mi familia y lo pasaré con mis hijos e incluso nietos (¡si los tengo!). A mí me suena estupendamente, la verdad. Jubilación: prepárate, que ya llego.

Tenemos que vivir esta siguiente etapa no como una decepción o un paso aterrador, sino como una aventura que podemos llegar a celebrar y disfrutar. Puede que suene raro decir que el duelo va unido a la sensación de libertad y felicidad de la jubilación, pero los Espíritus explican que eso es porque es una etapa nueva y desconocida para nosotros. Vamos a emprender un viaje totalmente opuesto a lo que nos era familiar y normal. ¡Qué emocionante!

¡Buen duelo!

En un diario, divide cada página en tres columnas: en la primera, escribe la mejor parte de tu intensa jornada laboral; en la segunda, describe cómo te hizo sentir esa actividad; en la tercera, sugiere una nueva actividad que te genere los mismos sentimientos que esa actividad laboral. Por ejemplo, si te encanta la parte sociable de responder al teléfono en el trabajo, escribe «responder al teléfono» en la primera columna. Después, escribe «me gustaba ayudar a la gente» en la segunda. En la tercera, piensa en una actividad que te haga sentir igual de bien que la de ayudar a la gente; quizá puedas trabajar como voluntario en la recepción de una biblioteca local o en un teléfono de prevención del suicidio. En cualquier caso, el objetivo es ocupar tu tiempo con actividades que te hagan levantarte feliz cada mañana.

16

CUANDO PERDEMOS LA RAZÓN
EN UNA DISCUSIÓN

Te parecerá mentira, pero también podemos sentir el duelo de no tener la razón en una discusión. No es sólo que nos moleste que la otra persona nos haya puesto los puntos sobre las íes; son un cúmulo de emociones que nos hacen sentir derrotados, como si nuestras opiniones y sentimientos no importaran o como si nadie escuchara lo que tenemos que decir. Puede dejarnos un vacío en el corazón y con el estómago más que revuelto. Además, si una discusión no acaba bien, hasta la persona que inicialmente parecía tener razón puede llegar a sentir que su integridad ha quedado tocada. Todos podemos ser crueles y sacar a relucir muchos sentimientos que teníamos reprimidos. Está claro que una discusión puede ser muy desagradable y dolorosa, pero cuando ya está todo dicho, el dolor y el sentimiento de pérdida posteriores también pueden ser muy duros de manejar. ¡Ojalá pudiéramos rebobinar!

Después de perder en una discusión, podemos llegar a explotar o sumirnos en un mar de lágrimas en cualquier momento, porque esta pérdida nos silencia y anula cualquier sensación de control que pudiéramos tener en esa situación. Cuando sentimos que no escuchan nuestra versión de la historia, o que ésta no se respeta o valora, no lo sentimos como una oportunidad perdida, no, sino como una patada en el hígado. Es como si la otra persona se hubiera tapado las orejas cantando: «No te oigo, ¡la, la, la, la!». Así de mal nos sienta.

¿QUÉ SIGNIFICA TENER RAZÓN?

Los Espíritus nos dicen que la mejor manera de afrontar la derrota en una discusión es darse cuenta de que, aunque no seamos los que tenemos la última palabra, eso no significa que no tengamos razón. Además, ¿quiénes somos para decidir quién gana o pierde una pelea? El hecho de que una persona argumente alzando más la voz o con más agresividad que nosotros no significa que su punto de vista sea el punto final a la discusión; a lo mejor sólo significa que estamos de acuerdo en no estar de acuerdo o que hemos hecho una tregua para conservar la paz. A veces, ir por una vía de escape es mejor que ganar una pelea. Para el alma, los Espíritus dicen que manejar una situación difícil con dignidad significa algo más que «tener razón». No necesitamos tener la última palabra; lo más probable es que nuestra vida no dependa de si solucionamos o no ese conflicto. A veces, perder en una discusión y pedir disculpas —aunque no lo sintamos realmente— puede incluso salvar una relación, y eso es muchísimo más importante que ganar frente a alguien que nos importa.

Los expertos dicen que la mejor manera de involucrarse en una discusión es considerarla como una herramienta para escuchar el punto de vista de la otra persona; encontrar puntos en común; hacer preguntas que inviten a la reflexión; saber cuándo toca admitir que hemos metido la pata; tratar de demostrar un interés noble y genuino por la otra persona; y, finalmente, intentar resolver el conflicto antes de que acabe enquistándose como un recuerdo doloroso difícil de borrar. Nuestro objetivo no es forzar a que la persona nos dé la razón levantando la voz o avergonzándola para luego pedir una tregua.

Nuestro objetivo en cualquier discusión o debate acalorado es dar con la resolución más pacífica, una en la que ambas partes entiendan el punto de vista de la otra persona y en la que se siga manteniendo una buena relación, porque para nosotros es más importante eso que el tener razón a toda costa. Debemos dejar nuestro lado de mal perdedor y darle un sentido constructivo a la discusión para que la relación y el vínculo que compartimos se haga aún más fuerte.

Al final, lo que los Espíritus quieren es que aprendamos a discutir y a hablar con otras personas para anteponer la relación frente a nuestro enorme ego. También me cuentan que nuestra alma siempre nos avisará cuando nos equivoquemos, así que no hace falta obcecarnos con tener razón o con lo equivocados que estamos porque nuestra conciencia y nuestra voz interior nos lo harán saber. Si hablamos con calma y reflexionamos con la otra persona sobre lo que decimos y las conclusiones a las que llegamos, nuestras opiniones siempre encontrarán la forma de alinearse, porque nuestros corazones también estarán donde tienen que estar, es decir, juntos en el mismo lugar.

Sé que he tenido discusiones y desacuerdos en los que he sentido que «perdía» porque me hacían sentir mal, pero, en realidad, lo que me pasaba es que estaba más centrada en que me escucharan en lugar de en encontrar una solución pacífica. A veces, le explico algo a mi hija Victoria y ella cree que me estoy enfadando, pero en realidad sólo estoy dándole mi punto de vista con mucho sentimiento, ¡no es lo mismo! Al final, siempre hacemos las paces, ya que tenemos un vínculo que no nos permite estar frustradas la una con la otra durante mucho tiempo.

¡FUERA ARREPENTIMIENTOS!

Cuando los Espíritus hablan de perder en una discusión, insisten mucho en lo importante que es evitar decir algo de lo que luego nos podamos arrepentir o nos queramos retractar cuando ya sea demasiado tarde. La idea es no concentrarse tanto en transmitir nuestros sentimientos hasta el punto de ser hirientes y lamentarnos luego por haber dicho lo que dijimos. Por otro lado, tampoco queremos tener tanto miedo como para no contar nuestra versión y arrepentirnos luego por no haberlo hecho. Vamos, que lo mejor es que no miremos atrás; que dejemos de lamentarnos sobre cómo perdimos la razón y que nos quitemos la vergüenza, culpa o arrepentimiento de encima por haber discutido siquiera.

Este tema me recuerda a mi amiga Jill, cuyo exmarido John se suicidó a los cuarenta y cinco años. La historia de amor de Jill y John fue larga; empezaron a salir cuando tenían diecisiete años, aunque él llevaba enamorado de ella desde que eran muy pequeños. Sin embargo, discutieron una semana antes de que John falleciera, porque él era alcohólico y maltrataba a Jill y a sus dos hijos, Shana y Jon. A John lo habían parado mientras conducía bajo los efectos del alcohol e iba a ir a juicio, y posiblemente a la cárcel.

«Cuando nos peleamos, tenía claro que mis hijos y yo teníamos razones para estar enfadados», me dijo Jill. «Llevábamos varios años con problemas: muchas discusiones, lágrimas, gritos y maltratos». Por primera vez en la vida, la familia increpó a John por su comportamiento y su adicción, y decidieron poner tierra de por medio con él. Cinco días después, John se suicidó, según Jill porque se sentía «solo y desesperado» sin ellos.

«A veces siento que, si no hubiéramos decidido separarnos de John, quizá ahora seguiría vivo, pero enseguida me doy cuenta de que estoy culpándome a mí misma por su comportamiento», me contó Jill. «Me pasé toda nuestra relación intentando evitar lo inevitable. Hubo muchos años en los que no bebió, pero cuando nos perdió, tocó fondo. Era un buen hombre, pero estaba muy enfermo». Jill dijo que siempre había intentado prevenir y controlar ciertas situaciones para protegerse a ella y a su familia del comportamiento autodestructivo de John, pero con el tiempo se hizo cada vez más difícil. «Hice todo lo que pude para intentar salvarlo», dijo, «y no fueron pocas veces las que me perdí a mí misma en el proceso».

Jill se niega a arrepentirse de su discusión con John y dice que ahí no hubo ganadores ni perdedores; John murió y la realidad es que todos perdieron. Para afrontar la tragedia, Jill aprecia a sus dos hijos y recuerda «la vida tan bonita que teníamos antes de que la adicción de John se llevara todo por delante. Era un marido, un padre y un amigo maravilloso. Y sé que me amó toda su vida». Jill también intenta centrarse en lo mucho que hizo por John mientras estaba vivo, como cuando lo incluyó como un miembro más de su extensa familia. «Éramos todo lo que John tenía», dijo. «Su familia era muy disfuncional y él se esforzó mucho por cuidar de la nuestra. Nos quería, pero no sabía cómo quererse a sí mismo. Le mostré lo que era una familia cariñosa y de verdad. También se llevaba muy bien con mis padres».

Todo esto viene porque Jill se perdona a sí misma por esa última discusión, pero nunca la olvidará. «Fue la última vez que mi hija y yo hablamos con él», dijo Jill. «Pero no puedo permitir que esto marque el resto de nuestra vida, lo que soy y lo que éramos. Estaba luchando por los cuatro, y a mis hijos siempre les digo que enfadarnos no nos llevará a ninguna parte, porque entonces perderemos nuestro pasado, presente y futuro. Para mí, John siempre formará parte de nuestra vida y nunca lo olvidaremos. Una de las últimas cosas que me dijo fue: «Intenté ser todo lo que quería ser, y lo que tú querías y creías que yo podía ser, pero no pude hacerlo».

Mantra: «Hoy prestaré atención a mis palabras. Diré lo que quiero decir y querré decir lo que digo».

Tal vez gracias a que Jill y su familia ya no están sumidos en la vergüenza o el arrepentimiento, el alma de John es libre para guiar, amar y proteger a su familia desde el Más Allá sin restricciones. Por ejemplo, en la mañana del funeral de John, Jill escuchó su canción favorita de AC/DC en la radio mientras iban a la iglesia. «Sentimos que el alma de John estaba con nosotros», dijo Jill. Su hija Shana, profesora del mismo colegio en el que se graduaron Jill y John, también vivió un acontecimiento extraordinario. A la semana de empezar el curso, decidió limpiar los nueve pupitres de su clase. Se quedó alucinada cuando vio que en uno de ellos todavía estaban grabadas las palabras «Jill ama a John». ¡El pupitre era el mismo que en el que se sentaron sus padres! De los cientos de pupitres que había en ese colegio, ¿qué probabilidades había de que a su hija le tocara ese pupitre en su aula? Sin duda, era un mensaje de John para que Shana supiera que su amor sigue vivo en este mundo.

¡Buen duelo!

Piensa en la última vez que sentiste que perdiste en una discusión. En un diario, traza dos columnas: una para poner todos los buenos argumentos que expusiste durante la discusión y otra para anotar todos los argumentos válidos de la otra persona. Haz una lista en cada una. Si ahora revisas esos argumentos, ¿quién crees que «ganó» la discusión? ¿Tiene tanta importancia realmente? Por supuesto que no. Lo que importa es que reconozcamos y respetemos lo que dicen ambas partes. Después de evaluar ambas partes de la historia, traza una enorme X sobre las columnas. Punto y aparte.

17

CUANDO PERDEMOS LA CONFIANZA

«Toda traición comienza por la confianza» es una de mis citas favoritas, atribuida al teólogo alemán Martín Lutero. Y por si les suena, también es una parte de la letra de la canción «Farmhouse», del grupo Phish. Las referencias son lo de menos, pero seguro que todos nos identificamos con esta cita atemporal cuando alguien ha pisoteado nuestra confianza.

Las promesas rotas de una persona en la que confiamos y creemos son uno de los golpes más duros de superar. Esta pérdida cala hondo y, para serte sincera, pocos sentimientos son más desagradables que ése. Que alguien traicione nuestra confianza o que cuenten nuestros secretos a los cuatro vientos nos hace sentir muy infravalorados y nos lleva a ser más recelosos después. Esa ruptura es muy difícil de sanar y cuesta mucho volver a confiar en quienes dicen que están de nuestro lado. Hace temblar los cimientos de una relación y nos hace cuestionarnos hasta lo más absurdo. Tras una decepción tan enorme como ésta, es difícil hasta confiar en uno mismo o en Dios.

Y lo que más duele de esa pérdida de la confianza es que

quienes creíamos que nos apoyaban, en realidad nunca lo hicieron. Perder la confianza significa rendirse ante la evidencia de que nos han mentido y que el engaño es ahora lo que domina tu relación con esa persona, y llevar esa cruz a cuestas es terrible.

LOS ESPÍRITUS Y LOS PROBLEMAS DE CONFIANZA

Cuando canalizo el tema de la confianza, los Espíritus siempre tienen mucho que decir. En primer lugar, el tema de la confianza siempre surge cuando me siento con clientes decepcionados porque alguien no les dejó dinero en un testamento. Suelen decir que confiaban en que la persona que murió hiciera «lo correcto» y luego se sintieron traicionados. Los Espíritus suelen decir que no hay que centrarse en los bienes materiales, sino más bien valorar los recuerdos que compartimos con esa persona en el pasado. En segundo lugar, el tema de la confianza surge cuando los Espíritus piden que todos confiemos en Dios y tengamos fe sabiendo que hay almas en el Más Allá que están destinadas a guiarnos, amarnos y protegernos. Tenemos derecho desde que nacemos a que estas almas tan poderosas nos guíen, por lo que debemos contribuir a establecer un vínculo de confianza entre ellas y nosotros. En tercer lugar, los Espíritus hacen hincapié en que, cuando nos sintamos traicionados, debemos recordar que no tenemos la culpa y que no somos responsables de las acciones de los demás, por mucho que intenten justificar su comportamiento con una actitud nuestra.

Los Espíritus nos dicen que es importante descartar los problemas de confianza lo más rápido posible, porque son mortales para el alma.

Mis guías señalan que, si nos han hecho mucho daño, nos costará horrores volver a confiar en los demás. Cuando esto sucede, necesitamos apoyarnos en los seres espirituales que sabemos que son auténticos y dignos de confianza: Dios, los ángeles, nuestros guías y las almas de nuestros seres queridos en el Cielo. No hará falta ni que dudemos sobre si darles nuestro voto de confianza a estos seres celestiales, porque siempre estarán ahí para nosotros de la manera más honesta y sincera.

Los Espíritus también dicen que debemos intentar recobrarnos de esa pérdida dando pequeños pasos que nos ayuden a volver a confiar en la persona o situación que nos ha traicionado. Es un ejemplo tonto, pero imaginemos que dejamos de confiar en los perros porque uno nos mordió una vez sin venir a cuento. Si rezáramos con ese tema en mente, los Espíritus pondrían oportunidades en nuestro camino para recuperar nuestra confianza en esos fieles animales, y de nosotros dependería aprovechar esas oportunidades. Podemos, por ejemplo, dejar que un perro que vemos en la calle nos huela la mano. Después, podemos ir a un refugio y acariciar a un perro mientras otra persona lo sujeta para que nos sintamos cómodos y a salvo mientras nos familiarizamos con el animal. Más adelante, podemos pedirle a un vecino que nos deje cargar a su cachorro siempre que él esté cerca. Por último, podemos sacar a pasear al perro de un amigo y recuperar la confianza en los perros que no muerden.

Mi clienta Valencia sufrió un problema de confianza muy serio cuando su esposa Shannon se quedó embarazada a sus espaldas. Después de tener dos hijos gracias a un donante de esperma que habían elegido juntas, acordaron que la familia ya estaba completa. Sin embargo, años después, Shannon decidió que quería otro bebé, y aunque Valencia no estaba de acuerdo, eso no impidió que Shannon escogiera un nuevo donante por su cuenta y se sometiera al proceso en una clínica de fertilidad. No le contó a Valencia lo que había hecho hasta tres meses después, cuando el embarazo se le empezó a notar.

Valencia se sintió profundamente dolida y traicionada, aunque sabía que no le quedaba más remedio que apoyar a su mujer, a la que tanto amaba. La pareja acordó criar juntas a un precioso tercer hijo, pero Valencia nunca pudo sobreponerse al hecho de que su mujer se hubiera quedado embarazada sin decírselo. Fue un acto de puro egoísmo que podría haber roto la relación. Valencia acabó perdonando a Shannon por lo que hizo, pero no puede olvidarlo.

Valencia ha optado por superar esa enorme traición a la confianza poco a poco, con pequeñas acciones diarias que restauran lentamente su fe en la relación y en la sinceridad que Shannon le podrá demostrar de ahora en adelante. Valencia rezó para que Shannon le diera la oportunidad de ablandarse, a pesar de lo herida y traicionada que se sentía. Y sin duda, Shannon lo demostró con pequeños gestos, poco a poco, para que Valencia se animara a confiar en ella otra vez. Primero se disculpó y Valencia aceptó sus disculpas. Luego, dijo que haría pequeñas cosas que prometió cumplir, como recoger el lavavajillas cuando decía que lo iba a hacer o llevar a los niños al centro comercial para que Valencia pudiera tener algo de tiempo para sí misma. Todo eso le demostró que Shannon era muy sincera cuando decía que quería arreglar las cosas. Valencia aceptó de buen grado la propuesta de Shannon para irse de vacaciones románticas a solas y así recuperar esa intimidad que se había resentido con los problemas de confianza. Con el tiempo, y con un esfuerzo cada vez mayor, Valencia empezó a sanar y a confiar en Shannon. Les llevó más de un año recuperarse, pero desde entonces vuelven a ser una familia feliz.

CUANDO LA CONFIANZA SE TRANSFORMA EN DOLOR

Podemos perder la confianza de muchas maneras —en las personas, en nuestro físico o en el amor—, y todas nos pueden resultar increíblemente dolorosas. En cierto modo, el dolor que sentimos cuando se quiebra nuestra confianza nos recuerda que somos personas vulnerables con capacidad para preocuparnos. Eso también es bueno, porque nos demuestra que somos seres humanos con integridad y que nuestro corazón late lleno de buenas intenciones. Por eso, cuando nos hieren, sentimos que han violado nuestra confianza.

Cuando estemos pasando por un problema de confianza, es importante que tengamos cuidado con los pensamientos tóxicos que pueden rondar nuestra mente, como que ya deberíamos haber superado la traición, que las cosas nunca volverán a ser iguales, que la vida es injusta y que todo es culpa nuestra. Los Espíritus dicen que esos pensamientos intrusivos no sirven para nada y sólo acaban haciendo la bola más grande. ¡A ver, un auténtico drama mental! Lo último que necesitas es que las mentiras de otra persona alimenten tus inseguridades.

Conozco a una mujer llamada Annette que estuvo casada con un hombre que mentía compulsivamente; la trataba mal cuando no se encontraba bien, cambió el testamento y la póliza de seguro de vida a sus espaldas e iba contando cosas falsas sobre Annette a sus amigos. La pareja se está divorciando ahora, pero cuando al principio se mudaron de Nueva York a Florida, Annette renunció a muchas cosas para estar con él, incluso una gran independencia económica.

Antes de mudarse, Annette tenía una casa bonita e ingresos de varios alquileres, y no tenía más deudas que una hipoteca. «Dejé mi trabajo como intérprete de lengua de signos para sordos porque mi marido me convenció de que quería que viviéramos la vida juntos. Dejé un buen trabajo en el sector inmobiliario para trasladarme a Florida con él», explicaba. «Renuncié a mi antigüedad laboral y al dinero de la pensión que habría ahorrado si me hubiera cumplido veinte años en la empresa. Sólo me quedaba un año y medio para alcanzarlo. Estaba orgullosa de lo que había conseguido por mi cuenta». Ahora, Annette sólo consigue encontrar trabajos con el salario mínimo, y cuando su divorcio quede zanjado, sólo recibirá una modesta pensión alimenticia del bajo salario de su marido para vivir. «Nunca volveré a tener una casa. No puedo permitirme ni un apartamento en condiciones», decía. «Tendré dificultades económicas. Trabajé y luché mucho para conseguir lo que tenía, pero lo perdí todo por confiar en este hombre».

La primera vez que el marido de Annette se volvió en su contra fue cuando ella empezó a sufrir un desequilibrio de la tiroides poco común. Decía que todo era psicosomático, se negaba a acompañarla a los médicos para que le dieran un diagnóstico y la criticaba por detrás con sus amigos. «Si no me hubiera enfermado, nunca habría sabido lo egoísta, engañoso y poco fiable que es mi marido en realidad», reconoció. «La prueba de fuego definitiva que revela el carácter de una persona es cómo se comporta cuando las cosas van mal y no cuando todo es perfecto. Huir cuando las cosas se complican es cobarde e infantil. Dios me dio el don de ver la verdad sobre el hombre con el que estoy casada. Aunque ahora, tengo claro que de hombre tiene bien poco».

El marido de Annette mintió a los vecinos sobre el estado de salud de su esposa y montó tal escena cuando la visitó en el hospital que el personal de enfermería tuvo que echarlo. Cuando Annette tuvo que operarse unos días después, él se negó a llevarla al hospital para la intervención. «Una pareja de ancianos italianos a los que adoro se levantó a las 4:30 de la mañana para llevarme al hospital», relató. «Parece mentira, pero fueron ellos los que me apoyaron, no mi marido». Durante un tiempo, Annette intentó perdonar a su marido, pero perdió a varios amigos en el proceso. «No entendieron mi amor y lealtad hacia él», explicó. «Piensan que es una persona cruel y que está enfermo. Para ellos también ha sido duro verme soportar todas sus estupideces. Me he alejado de algunos amigos porque me avergüenza haber permitido que todo esto pasara».

El marido de Annette también intentaba alejarla de cualquier nuevo amigo que hiciera. «Le dijo a la gente que yo era inestable y que no lo sabía hasta que se fue a vivir conmigo», dijo Annette. «Lo cual era una burda mentira, porque también vivió conmigo en Nueva York antes de mudarnos aquí y yo estaba en mis cabales. También les dijo a sus cuatro hijos que yo le estaba haciendo pasar un infierno y que no lo dejaba tener contacto con ellos. Les dijo a los vecinos con los que estaba empezando a entablar amistad que yo no le permitía tener relación con sus hijos y que había puesto a su familia en su contra, que los tenía engañados. La verdad es que su familia no se habla con él; lo de la manipulación no funciona con ellos y a mí me apoyan mucho».

Para Annette, este despliegue repetido de traiciones por

parte de su marido anuló todo lo que implica un auténtico matrimonio: «Se supone que los votos son para protegerme y apoyarme, no para hundirme. Sin embargo, soltar todas esas verdades a medias o mentiras fue la madre de todas las traiciones», añadió. «Pero cuando amas tanto a alguien, ni lo esperas ni lo ves venir». Hizo todo lo que estuvo en su mano por razonar con él, pero su marido no tiene empatía ni la conoce.

Mantra: «Todo es posible porque confío
en Dios y en mí mismo».

«El duelo por la pérdida de confianza es uno de los peores sentimientos del mundo», continuó. «Es como si estuvieras llorando una muerte. Es difícil hacerse a la idea de que alguien a quien adorabas sea en realidad un monstruo. Te consume día tras día y te quita el sueño». Con esta traición, Annette siente que ha perdido una parte de sí misma. «Ya no me siento completa. No confío ni en mí misma. Me avergüenzo de no haberlo visto venir», confesó. «Me he vuelto muy depresiva y me cuesta horrores socializar. Siempre estoy pensando en lo que pasó. Es como una enfermedad incurable».

Lo bueno es que Annette se ha reafirmado en su fe religiosa: «Ahora, estoy más cerca de Dios que nunca. Cometí el error de alejarme de Dios, cuando en realidad lo que tendría que haber hecho es acudido a Él», me dijo. «He aprendido que todos tenemos una cruz que cargar a las espaldas. También he aprendido a ver quiénes son mis verdaderos amigos y familia. Dios me ha bendecido y enviado a sus ángeles durante este tiempo difícil.

Leo la Biblia, voy a misa, hablo con los sacerdotes y me propongo ser más amable con los desconocidos».

Gracias a su fe, sé que Dios bendecirá a Annette, como lo hará con todos los que sufren una pérdida de confianza. Es una de las pérdidas más difíciles a las que podemos hacer frente, pero también una de las más gratificantes de superar porque requiere, sobre todo, creer en uno mismo. Siempre salimos ganando cuando logramos crecer más allá del daño que nos hace otra persona.

¡Buen duelo!

El objetivo de este ejercicio es recuperar tu capacidad de confiar en los demás y en tu propio juicio por encima de todo. Cuando una persona traiciona tu confianza, es fácil que acabes dudando de ti mismo y de tu capacidad para tomar buenas decisiones. Me gustaría que dieras un salto de fe y confiaras en que todo saldrá bien. Por ejemplo, a lo mejor te cuesta creer que otro mecánico te vaya a dar un presupuesto más asequible para arreglar tu coche. Me gustaría que confiaras en que no te está engañando y que también confíes en su forma de trabajar, sin hacer preguntas. Otra idea es que confíes en la sinceridad de tu hermana cuando te dice que estás fabulosa con ese conjunto tan bonito. Cree que estás estupenda, así que agradécele el cumplido. Y punto. O créetelo cuando tu hijo te dice que eres la mejor madre del mundo en lugar de negar con la cabeza. Ten fe y créete que, para tus hijos, eres la mejor. Cuanto más practiques la capacidad de tomarle la palabra a la gente, más fácil te resultará confiar en tus allegados y en tu propia capacidad para detectar las boberías de otros.

18

CUANDO PERDEMOS UN OBJETO VALIOSO

La pérdida de un objeto especial, ya sea una joya, una prenda de vestir o cualquier otro objeto de nuestro hogar, puede rompernos el corazón, especialmente si pertenecía a un ser querido que ya ha fallecido. Puede tratarse de una reliquia familiar o de una antigüedad con mucho significado, o de un regalo de alguien a quien queremos. Cuando ese objeto desaparece, la sensación es que una parte de nosotros se ha ido con él. Sin embargo, por muy especiales que sean esas cosas, los Espíritus insisten en que sólo son objetos físicos que no pueden sustituir los pensamientos y sentimientos reales que les hemos atribuido. Lo importante es centrarnos en esos sentimientos auténticos, no en las cosas materiales propiamente dichas.

A pesar de esto, soy muy consciente de que todos, incluso yo, sentimos apego por lo material. Yo llevo a todas partes tres objetos: mi sudadera negra favorita, mi vestido negro favorito y mi bolsa de viaje favorita. Estos objetos me dan confianza y me dan una sensación de seguridad y familiaridad. La sudadera me hace sentir como si llevara un reconfortante abrazo de casa conmigo; el vestido me hace sentir guapa; es muy favorecedor y me ayuda a moverme con confianza cuando estoy en público (aunque haya engordado unos cuantos kilos); mi bolsa de viaje favorita me da la seguridad que necesito cuando viajo, algo muy importante porque antes tenía miedo de salir a cualquier parte. La seguridad que me transmiten estos objetos se debe en parte a su historia y en parte a pura superstición, pero la sensación es real y me ayuda muchísimo.

OBJETOS PERDIDOS, SENTIMIENTOS VACÍOS

Cuando vivimos la pérdida de un objeto especial, podemos tener sentimientos encontrados. Es posible que nos enfademos con nosotros mismos por haberlo perdido o que nos entristezcamos por no poder volver a enseñarlo y contar la historia que tiene detrás. También es normal sentirse decepcionado o incluso deprimido, porque hemos perdido lo que considerábamos un símbolo del amor, la devoción o el buen gusto de otra persona. Cuando perdemos un objeto que simboliza a un ser querido ya fallecido, tenemos la sensación de estar alejándonos de la energía que dejó la persona en él. Llevar su reloj o broche nos hace sentirnos más próximos a su alma.

Yo no percibo energía en los objetos (aunque los metales, ciertos tejidos y la madera la retienen muy bien), pero otras personas sí. Cuando lo hacen, perder un objeto especial puede ser doloroso por partida doble. No es que estas personas se crean que están más próximos a ese ser querido por tener el objeto siempre a mano, sino que realmente sienten la presencia de su alma cuando lo tocan o se lo ponen. A mí me parece alucinante.

Los Espíritus dicen que nos apegamos tanto a las cosas porque representan recuerdos de un lugar, un amigo, un ser querido o un sentimiento. Cuanto más las usamos o las llevamos puestas, más apego sentimos. Nunca me olvidaré del día que creí que había perdido la alianza de bodas de mi abuela. La busqué como una loca por todas partes y revisé de cabo a rabo la caja fuerte porque Victoria quería llevarla en su fiesta de compromiso. Sin embargo, los Espíritus me señalaron que estaba en el platito de anillos de mi hija. ¡Gracias a Dios! Confieso que también me cuesta despegarme de las reliquias familiares, sobre todo porque me encantan los recuerdos que traen consigo. Es algo que jamás me podrán arrebatar.

No tener cerca esos objetos especiales también nos puede hacer perder nuestra identidad. A lo mejor lo que nos preocupa es perder nuestros recuerdos. Por ejemplo, mi amiga Jen perdió su *laptop* hace poco mientras pasaba unos días de vacaciones en Puerto Rico. La pérdida la hizo sentir a Jen vulnerable y expuesta, porque contenía sus secretos mejor guardados, sus fotos favoritas, sus mejores historias, documentos de trabajo importantes e incluso ideas para futuros proyectos. Ir por la vida sin este dispositivo le parecía impensable, pues para ella era como una especie de confidente que la acompañó tanto en los buenos como en los malos momentos. Perderlo hizo que Jen se agobiara por si los recuerdos que tenía ahí almacenados desaparecían para siempre y se alejaba así de la Jen del pasado al no tener con qué mirar atrás y recordar. Jen tenía la intención de pasarles varios archivos y fotos a sus hijos en el futuro, pero ya no podría hacerlo.

Mantra: «Atesoro lo que he perdido,
pero agradezco lo que aún tengo».

Jen lloró mucho por los escritos que perdió y, aunque se compró una *laptop* nueva para sustituir la anterior, no tiene intención de calcular y reescribir todo lo que ha perdido. En cambio, ha decidido apostar por nuevas ideas y reflexiones inspiradas en su vida actual, empezando desde cero y sin mirar atrás.

Ahora que lo pienso, conozco a personas que decoran sus casas rodeándose de recuerdos llenos de significado. Todos son antigüedades y reliquias, como el sofá de la abuela y la colcha de la tía abuela. Para ellas, estos objetos con valor sentimental son los que forman un hogar, así que perder cualquiera de ellos sería como volver a empezar.

A nadie le gusta perder cosas, porque, claro, para eso tendría que aprender a dejarlas ir. Hace poco, mi cliente Tina tuvo que deshacerse de la mitad de los objetos de su casa, muchos de ellos con un tremendo valor sentimental, porque habían estado expuestos a un moho tóxico y a los productos químicos utilizados para tratar la infestación. «Por cada silla, sofá o almohada que tuve que tirar, sentí que perdía una parte de mí», dijo Tina. «Aunque he sustituido todas esas cosas especiales con una nueva decoración muy elegante, para mí no es lo mismo. Mi nuevo hogar no se parece en nada al otro que tanto me costó poner a

mi gusto. Le falta historia y valor. No tiene recuerdos ni historias que le daban a cada pieza ese carácter tan especial para mí»,
añadió Tina, quien ahora siente como si viviera en casa de un
extraño. «No dejo de repetirme que algún día esas nuevas piezas se convertirán en reliquias para mi familia», siguió. «Superar
esas pérdidas me costará lo mío, pero tengo que centrarme en lo
saludable que es ahora la casa y pensar que me puede hacer igual
de feliz».

DAR EL PASO HACIA LA ACEPTACIÓN

La mejor manera de afrontar la pérdida de objetos con valor
sentimental es comenzar el proceso de aceptación; y cuanto
antes, mejor. Tenemos que darnos cuenta de que los recuerdos
no están en el objeto físico, sino en nuestra mente y nuestro
corazón. Seguimos siendo nosotros; no somos peores o menos
personas sin ese objeto perdido. Nadie puede arrebatarnos
nuestros recuerdos y lo que esos objetos representaban para
nosotros: relaciones, experiencias, amistades y muchas otras
cosas. Debemos aceptar que el objeto ya no está y comenzar
a crear nuevos recuerdos y legados con quienes nos rodean y
amamos.

Marie, la madre de mi cliente Anna, murió de una terrible
enfermedad autoinmune llamada esclerodermia, y ambas mujeres acabaron muy unidas mientras Marie luchaba contra esta
enfermedad degenerativa. Anna y Marie pasaban casi todos los
días juntas: al principio, cuando Marie podía, iban a comer o al
cine; después, cuando acabó postrada en cama sin poder levantarse apenas, rememoraban sus recuerdos y lo que más echaba de

menos en su vida. Mientras lo hacían, Anna siempre se quedaba contemplando el precioso juego de anillos de boda de su madre: un anillo de compromiso con un magnífico diamante, que algún día llevaría la hermana mayor de Anna, y una sencilla alianza de diamantes. Aunque Anna nunca se lo pidió, a menudo deseaba heredarla.

Y así fue. Cuando Marie estaba en su lecho de muerte le dijo a Anna lo agradecida que estaba por haber estado a su lado cuando más lo necesitaba. «Se quitó la alianza y me la puso en la mano», dijo Anna. «Era un sencillo anillo de diamantes que ella consideraba como el símbolo del amor que mi padre y ella se profesaban. Quería que lo tuviera; nos mantendría unidas siempre y sería un bonito recuerdo de lo mucho que me quería».

Anna llevó puesto el anillo de su madre durante varios años, junto con sus propias alianzas. Lo miraba y a menudo jugueteaba con él en el dedo; era un talismán que la unía a su madre. «Con el anillo, me sentía segura, protegida y querida», comentó Anna. Durante esa época, su hija de dieciséis años, Gena, tuvo problemas en casa, en la escuela, con su novio y, sobre todo, con la propia Anna. Aunque siempre habían sido como el agua y el aceite, la amaba incondicionalmente. Aun así, Anna sentía que no conseguía transmitirle a Gena ese amor y quería hacer algo especial para demostrarle cuánto la adoraba. Decidió darle el anillo de su madre para que ahora lo disfrutase ella. Anna esperaba que Gena se sintiera de la misma manera que ella al llevar el anillo de su madre: segura, protegida y querida. Gena se emocionó mucho al recibirlo y prometió cuidar bien de esta reliquia familiar.

Durante los siguientes meses, Gena no se quitó el anillo de su abuela ni para ducharse, literalmente. Iba a la escuela con él, se bañaba con él y jugaba al fútbol con él. Sin embargo, un día Anna se dio cuenta de que Gena ya no llevaba el anillo de su madre en el dedo. Cuando le preguntó por él, Gena la miró como diciendo: «Mamá, he metido la pata y sé que te voy a decepcionar». «El corazón me dio un vuelco y se me revolvió el estómago», me contó Anna. «Supe que había perdido el anillo y que tenía miedo de decírmelo».

Al principio, Anna se enfadó y se quedó hecha polvo, no sólo por la pérdida del anillo en sí misma, sino también por lo irresponsable que había sido Gena. Pero entonces recordó lo que Marie le había dicho a ella en aquella ocasión que perdió un anillo que solía llevar en el dedo meñique: que rezara a San Antonio, el santo patrón de los objetos perdidos, para que la ayudara. «Así que le recé», dijo Anna. «Una y otra vez, sin parar. Pero no encontramos el anillo. Gena se recorrió todos los lugares en los que había estado, pero no sirvió de nada. El único lugar donde había estado la misma semana que lo perdió fue el jacuzzi enorme de un amigo, así que poco se podía hacer ya. El anillo se había perdido para siempre».

Anna piensa muchas veces en aquella época de su vida con Gena. ¿Por qué sintió que tenía que darle el anillo de su madre a Gena? ¿Estaba Gena destinada a perderlo? ¿Formaba todo aquello parte de algo más grande, de un plan superior? «Yo creo que sí», dijo Anna convencida. «Viéndolo ahora con perspectiva, ese incidente nos permitió compartir abiertamente nuestros sentimientos, lo que habíamos hecho mal en el pasado y el futuro que queríamos en nuestra relación como madre e hija».

Unas semanas más tarde, Gena le pidió a Anna que abriera la mano y le puso en ella una caja muy pequeña. Al abrirla, vio un delicado anillo para el dedo meñique, tallado con la figura de un ángel. «Como había perdido el anillo de mi madre que tanto adoraba, Gena quería que tuviera un símbolo de su amor», dijo Anna. «Desde entonces, Gena y yo tenemos una relación más abierta y cariñosa. En realidad, no necesitábamos la alianza de bodas de mi madre; lo que teníamos era más fuerte, algo insustituible y que nunca perderíamos: nuestra nueva relación, ahora reforzada simbólicamente por ese nuevo anillo. En ese momento, ambas sentimos la presencia de mi madre con mucha intensidad. Creo que ella quería que supiéramos que su espíritu nos acompañaría siempre. Es más, a lo mejor San Antonio nos ayudó a encontrar algo más importante que un objeto material: la aceptación y una nueva forma de cultivar nuestra relación».

Los Espíritus dicen que es muy normal que nos alteremos cuando perdemos un objeto, pero que hay que mantener la calma y conservar siempre la fe. Aunque ese talismán nunca vuelva a aparecer, Dios siempre tiene una respuesta satisfactoria a nuestro dolor, bien en forma de señal o símbolo, o un estímulo para que, con nuestra intuición, sustituyamos ese objeto por algo con un significado similar. De todos modos, al final el plan de los Espíritus rara vez implica algo material. No se trata más que de una mera representación del amor que albergamos en nuestro corazón, y eso vale mucho más que todas las reliquias y antigüedades del mundo.

¡Buen duelo!

Compra una caja lo suficientemente grande para guardar tres objetos especiales para ti. Fórrala con un papel bonito y coloca dentro tus mejores recuerdos. Aunque siempre existe la posibilidad de que estos objetos se pierdan, poniéndolos en un lugar específico te ayudará a mantenerlos lo más a salvo posible. Así, también podrás pasárselos a otros miembros de la familia con la consideración que merecen.

17

CUANDO PERDEMOS UNA PARTE
DE NUESTRO CUERPO

Cuando perdemos una parte de nuestro cuerpo, es normal que sintamos que con ella también se va una parte de nosotros mismos, literal y figuradamente. No es de extrañar que experimentemos todas las etapas del duelo, desde el estupor hasta la ira, pasando por la depresión y todas las demás emociones. También podemos sentirnos traicionados por ciertas instituciones y figuras, incluido Dios, y nos preguntamos por qué nos ha pasado algo así. No importa si hemos perdido una parte del cuerpo por una mastectomía, una amputación u otro tipo de cirugía. Una pérdida es una pérdida, sin más. El significado que tenga para nosotros también determinará el dolor que vamos a experimentar. La pérdida de un pecho puede ser tan angustiosa como la de un riñón o un dedo, según la relación que tengamos con esa parte del cuerpo, la forma de extirparla y nuestra experiencia emocional con la cirugía, el incidente o el accidente. Como ocurre con otras pérdidas, no hay duelos menos importantes que otros. Todos vivimos nuestra pérdida como si fuera la más dolorosa del mundo.

La pérdida de una parte del cuerpo me resulta familiar, porque cuando era joven fui testigo del impacto que tuvo en un familiar cercano a mí. En los años setenta, a la abuela Gram le extirparon el pecho izquierdo por un cáncer de mama. Ella optó por una prótesis, que colocaba discretamente en el sujetador. Le ponía ingenio y llevaba jerséis a rayas para alinear la prótesis del lado izquierdo con el pecho natural del derecho.

Mamá decía que Gram era una mujer reservada y no hablaba del tema, aunque yo intuía que a veces se sentía insegura e incómoda con su nuevo cuerpo. Recuerdo claramente tener esa sensación, aunque mamá solía decir que Gram nunca habría expresado sus sentimientos, incluso si se sentía así. Sin embargo, en ocasiones pude percibir que la abuela Gram se sentía muy cohibida con respecto a su cuerpo, algo que me parece totalmente lógico, especialmente en una época en la que las mujeres no hablaban tan abiertamente de este tipo de cáncer y del duelo que implica, al contrario de lo que hacemos ahora.

¿QUÉ HA SIDO DE MÍ?

Los Espíritus afirman que, cuando perdemos una parte del cuerpo, al principio nos sentimos desorientados porque no reconocemos el aspecto, las funciones y las sensaciones de ese nuevo cuerpo. Nuestro físico ya no es del todo nuestro, aunque sólo se haya alterado una pequeña parte. Su aspecto general ha cambiado y cómo nos vemos y actuamos ahora nos afecta en nuestro día a día. Todas las rutinas se alteran: vestirnos, ducharnos, movernos por el mundo, relacionarnos... y podría seguir. Por ejemplo, si perdemos una pierna y llevamos una prótesis en su lugar, a lo mejor no queremos llevar vestidos o no podemos ir a bailar igual que hacíamos antes, al menos no al principio. Si nos sometemos a una mastectomía, es posible que nos cueste horrores llevar un bañador sin sentirnos acomplejadas. También podemos llegar a sentirnos menos atractivas para nuestra pareja o incluso tener menos deseo sexual. Todos estos cambios, dificultades y obstáculos —que llegan de golpe— pueden resultar abrumadores.

Todo eso puede hacer que nos aislemos y retraigamos, pero no pasa nada: a los Espíritus eso les parece bien. A veces, necesitamos estar solos para asimilar completamente la pérdida y asumir cómo ha cambiado nuestra vida. Cuando a mí me pasa algo, lo cuento todo y soy justamente lo contrario de retraída, pero así es como lo afronto yo. Cuando llevé una férula en la pierna a raíz del accidente en Hawái, ¡le conté a todos los que tenía cerca en la fila del supermercado lo que me había pasado! Quería que la gente supiera por qué caminaba raro. Hablar de ello me ayudó a normalizar mi discapacidad.

También me gustaba llevar la férula porque era una forma de mostrar a los demás lo que estaba pasando. Si sufriera, por ejemplo, la pérdida de mi útero por una histerectomía, los demás no sabrían el motivo de mi sufrimiento y podrían juzgarme si no conocen la historia. Sí, soy consciente de que no perdí una parte de mi cuerpo en Hawái, pero gracias a ese accidente conozco algunos de los problemas que se pueden llegar a sufrir. Durante mucho tiempo, sentí que me faltaba la pierna.

En casos así, los Espíritus dicen que la ira es la emoción que más paso se abre. Esa ira no es más que el miedo que volcamos al exterior, y perder una parte del cuerpo es algo que da mucho, pero mucho miedo. A lo mejor estamos frustrados con Dios por no protegernos o incluso con algunos familiares porque nos han transmitido sus «genes defectuosos». También podemos enfadarnos con los médicos por habernos mandado terapias extenuantes o por no haber detectado más rápido la enfermedad que nos ha llevado a esa situación. Si perdemos una parte de nuestro cuerpo a causa de un accidente, es natural que nos enfademos con la persona responsable; si el accidente ha sido culpa nuestra, a lo mejor acabamos enfadados con nosotros mismos o incluso con el pobre ciervo que nos salió al paso en la carretera.

A lo mejor no nos hace falta culpar a nadie, pero sí reencauzar nuestra furia hacia alguien o algo que nos ayude a darle sentido a lo que estamos viviendo. Cuando acaba esa etapa, llegan la inquietud y la confusión, y luego la depresión y la inseguridad. En general, todo el panorama nos puede parecer increíblemente injusto y nos sentiremos como una sombra de lo que fuimos. Déjame que te lo ilustre mejor: según un estudio, la mayoría de las mujeres tardan una media de dos años en superar y aceptar la pérdida de un pecho. Los Espíritus dicen que el duelo por esa pérdida puede ser mayúsculo.

EL DRAMA DEL TRAUMA

La pérdida de una parte del cuerpo está profundamente arraigada en el trauma, y puede desencadenarse con sorprendente facilidad. Acontecimientos varios, programas de televisión, tareas de otro modo rutinarias e incluso ciertas épocas del año, como las vacaciones, nos pueden traer recuerdos dolorosos. Y cuando pensamos que ya hemos pasado a la fase de aceptación y nos sentimos hasta aliviados, luego puede haber otra cosa que nos haga retroceder y desencadene nuevamente esa sensación de pérdida. Hay tantos desencadenantes como personas, aunque comparten ciertas características. Ir de compras puede ser un gran desencadenante para muchas personas que han perdido una parte del cuerpo, al igual que los momentos de intimidad con la pareja o el cónyuge. Incluso ir al médico puede recordarnos el momento en el que pasó todo.

La evasión puede ser una estrategia para afrontarlo, al igual que el desarrollo de rituales para evitar situaciones que nos afecten. Por ejemplo, tapar los espejos mientras nos vestimos, quitarnos la ropa con la luz apagada, reducir el tiempo que pasamos en la ducha y evitar vernos desnudos a toda costa. Todas esas cosas las hacemos para evitar volver a traumatizarnos cuando nos enfrentemos a nuestro nuevo aspecto.

Es natural bloquearse con los desencadenantes traumáticos, y los Espíritus aconsejan avanzar poco a poco para volver a gozar de un buen estado anímico. Si nos cuesta ir de compras, a lo mejor podemos recurrir a Internet durante un tiempo. Después, cuando nos sintamos más preparados, podemos dar un paseo por el centro comercial sin entrar a comprar. Un poco más adelante, podemos tomar unas cuantas prendas de ropa y sujetarlas delante de nosotros sin llegar a probárnoslas. Con el tiempo, volveremos a sentirnos capaces de comprarnos ropa con la que nos veamos favorecidos sin necesidad de pasar miedo en el proceso.

Mi clienta Jolie se sometió a una histerectomía parcial en 2007 y lo pasó muy mal durante mucho tiempo. Jolie tiene endometriosis, una enfermedad muy dolorosa en la que un tejido similar al que recubre el útero crece fuera de éste. El día antes de operarse, el cirujano le dijo que también tenía adenomiosis, una enfermedad en la que el revestimiento interno del útero atraviesa su pared muscular. Frente a una combinación tan complicada, los médicos le recomendaron una histerectomía. Estuvo a punto de negarse, pero su padre le dijo durante los últimos días de su vida que se cuidara y que se operara de lo que necesitara para sentirse mejor. Casi dos meses después de su muerte, Jolie encontró en su bolso un collar que él le había regalado junto al folleto con la información sobre la cirugía, algo que interpretó como una señal de que seguir adelante con la operación era seguro.

A pesar de esta señal tan clara que le envió su padre, Jolie sufrió un gran trauma tras la operación. Al perder el cuello del útero y parte de los ovarios, sintió que se había quedado sin ciertas partes esenciales. «Y me sentí así porque me ocurrió cuando era relativamente joven (con treinta y pocos años). Era una época en la que todos mis amigos estaban siendo padres, pero yo aún no lo era», me dijo. Para colmo, me pasaba el día viendo a gente anunciar su embarazo o quejarse de lo dura que era la paternidad en Facebook o en eventos sociales a los que acudía. Además, Jolie se dio cuenta de que cada vez que iba a una revisión médica revivía el trauma, porque una de las primeras preguntas de los formularios previos a la consulta pedía la fecha de la última menstruación, ¡cuando ella ni siquiera había asimilado aún que ya no la iba a tener! «Me gustaría que el proceso de diagnóstico y tratamiento tuviera más en cuenta el tipo de pérdida reproductiva que yo sufrí», añadió.

Tras la operación, Jolie sintió, sobre todo, tristeza, rabia y conmoción, especialmente cuando el trauma volvía a desencadenarse. «Solía "tirar" como buenamente podía hasta el final del día y lloraba para desahogarme cuando llegaba a casa», contaba. «Otra razón por la que la operación me resultó tan traumática fue porque nadie me había preparado. Como tenía que viajar en avión cada vez que me veía un médico y no tenía mucho dinero en ese momento, tuve que tomar una decisión de vital importancia y que me cambiaría la vida sin apenas tiempo para reflexionar. No me ofrecieron ningún tipo de asesoramiento». Jolie me dijo que sentía que sus heridas se reabrían cada vez que alguien le preguntaba si iba a ser madre o daba por sentado que no lo hacía porque estaba demasiado centrada en su carrera. «En ese momento aún no estaba preparada para hablar de algo tan personal», dijo. «Las pocas personas con las que sí hablé le restaron importancia tanto a mi sufrimiento como al de mi marido. Hablar de la experiencia traumática que había vivido era un tabú en ciertos foros de pacientes, porque el cirujano que me había operado tenía muy buena reputación. Sólo encontré hostilidad y tuve la sensación de que culpaban a las verdaderas víctimas».

LA NUEVA NORMALIDAD

Los Espíritus saben que las personas que han perdido una parte del cuerpo o que llevan una prótesis en su lugar pueden percibir cualquier intento propio de normalizar su aspecto, por muy realista que sea, como algo que no representa su «cuerpo real». Es entonces cuando puede surgir el sentimiento de culpabilidad por no tener ya aquello que se perdió por una enfermedad o incluso por seguir vivos gracias a eso. Conozco a una mujer que perdió una parte de su pierna por una grave infección bacteriana y que se siente tremendamente culpable porque, aunque la operación le salvó la vida, sigue muy disgustada por no tener la pierna entera. Cuando experimentamos este tipo de emociones contradictorias, los Espíritus aseguran que es normal sentir tanto la pérdida y la pena como la gratitud, incluso si todas nos invaden al mismo tiempo.

Los Espíritus dicen que hay cosas que pasan en la vida, sin más, y que perder una parte del cuerpo puede ser una simple muestra de que vivimos en este plano terrenal. Los Espíritus recomiendan que recordemos que siempre podría ser peor. A lo mejor podríamos haber muerto en el accidente o por la enfermedad que se llevó una parte de nuestro cuerpo. Tal vez hayamos perdido una extremidad, pero la cara no se nos ha desfigurado. ¡Hay que verle el lado bueno! Sí, puede que ahora tengamos que cambiar nuestra forma de hacer las cosas, pero a lo mejor nosotros podemos dar el ejemplo a otras personas para que tengan una vida más plena.

Los Espíritus nos recomiendan que nos tomemos el tiempo que necesitemos para pasar el duelo; físicamente, ya no somos los mismos que antes de la operación y la prueba visual está ahí, no podemos obviarla, pero tenemos que intentar cambiar el enfoque, centrarnos en nuestros progresos y hablar con otras personas que han pasado por lo mismo. Debemos marcarnos un propósito que vuelva a dar sentido a nuestra vida, tal vez uno que esté relacionado con la discapacidad pero que no nos desencadene recuerdos traumáticos. La aceptación acabará llegando y traerá consigo sabiduría y fortaleza. Nuestro estado de ánimo mejorará y a lo mejor hasta queremos colaborar con organizaciones que nos hagan sentir que tenemos más control sobre nuestra vida y nuestro problema. Recuperaremos aspectos de nuestra identidad y una sensación de libertad que creíamos haber perdido para siempre. Encontraremos nuevas formas de alcanzar nuestros sueños y esperanzas, nuevas definiciones de normalidad, nuevas maneras de afrontar esas conversaciones incómodas sobre la enfermedad y otras formas de pasar tiempo con nuestros seres queridos.

Una vez que lleguemos a la aceptación, puede que nos invada una inesperada ola de gratitud. A mi clienta Robin le diagnosticaron en julio de 2018 un cáncer de mama triple negativo, el más agresivo de todos. Entonces, tenía cuarenta y tres años. Al parecer, había heredado una mutación genética que multiplicaba el riesgo de que su cáncer de mama volviera a aparecer tiempo después del tratamiento, y también el riesgo de desarrollar un cáncer de ovario. Dieciséis rondas de quimioterapia después, Robin tomó la decisión de que le extirparan los dos pechos y los ovarios. «Es la cirugía más agresiva que hay para evitar una recaída o el desarrollo de otro cáncer», afirma.

Robin segura que experimentó «todas las emociones posibles» tras su diagnóstico. Al principio, estaba en *shock* y no se lo creía. «Nunca pensé que fuera a tener cáncer de mama. Siempre es algo que les toca a otras personas y familias, pero no a ti», dijo. «En mi familia no había antecedentes de cáncer. Era joven, comía sano, hacía ejercicio a diario, no fumaba, me hacía mis revisiones anuales... lo hacía todo bien. También me daba un poco de vergüenza que me pasara esto. No quería que la gente sintiera pena por mí o por mi familia». Después de la operación, tuvo que enfrentarse a molestas y desagradables reacciones de algunas personas, sobre todo hombres, al enterarse de que le habían extirpado los pechos. «Me preguntaban cómo de grandes los iba a tener tras la reconstrucción o bromeaban con que la operación de aumento de pecho me iba a salir gratis», dijo. «Que te quiten el pecho y te lo reconstruyan no tiene ninguna gracia. Nunca se parecerán ni los sentiré como unos pechos "naturales"».

En los días posteriores a la operación, Robin no era capaz de procesar su cambio físico. «Tenía una enorme cicatriz en cada uno de mis pechos, que ahora no tenían pezón, y cuatro drenajes, dos en cada lado, saliendo de mi cuerpo», recuerda. «Me resultaba humillante, porque mi marido tenía que limpiar los drenajes dos veces al día y anotar la cantidad de líquido eliminado. En serio, no sabía si sería capaz de volver a verme como antes; sexualmente, me refiero».

Robin pasó las primeras semanas después de la operación en una silla reclinable con motor eléctrico para aliviar las molestias del paso entre estar sentada y estar de pie. «Durante la mastectomía, decidí hacerme una reconstrucción inmediata con implantes», dijo. «En mi caso, el cirujano me colocó unos expansores en forma de globo bajo los músculos del pecho que luego fue llenando con solución salina a lo largo de varias semanas para ir estirando la piel. No es muy agradable que digamos. Una vez completada la expansión, a las doce semanas aproximadamente, me volvieron a operar para reemplazar los expansores por los implantes definitivos».

Mantra: «Las debilidades e inseguridades
de hoy me harán más fuerte y segura mañana».

Robin ya no reconocía su propio cuerpo. «Perdí toda la sensibilidad en la zona del pecho», me explicó. «Ya no podría llevar mi bonita colección de sujetadores con aros, sólo *bralettes* durante el resto de mi vida. También me entristecía perder lo que esos pechos representaban: mi feminidad y maternidad. Esos pechos habían alimentado a mis hijos y habían sido una parte importante de mi embarazo».

Robin se sigue fijando mucho en la ropa que se pone. «Al no tener sensibilidad en los pechos, cualquier camisa, vestido o bañador sin tirantes se me podría caer y yo no me daría ni cuenta», dice. «De hecho, dudo que me enterara si alguien me tocara el pecho y yo tuviera los ojos cerrados». Y, sin embargo, nadie se imaginaría el trauma que ha sufrido su cuerpo cuando la ve vestida. Cuando está tumbada en la cama, por la noche, puede sentirse «angustiada por la sensación de esos nuevos pechos o por la falta de los míos propios», me confió. «Siento mucha presión y mucho picor. No consigo estar cómoda. Cuando estoy en la cama, me suelo palpar los pechos para comprobar que no hay nuevos bultos o quistes».

Después de todo este infierno, Robin sufrió un gran trauma. «Mis nuevos pechos eran un recordatorio constante de que había tenido cáncer y de que mi vida había cambiado para siempre», comentó. Aun así, Robin estaba agradecida por esa pérdida, porque le salvó la vida. «Sé que conservar los pechos me habría matado», dejó claro. «Lo que más me afectó no fue la mastectomía bilateral en sí, sino la razón por la que tenía que hacérmela: tenía cáncer. Fue una experiencia abrumadora, traumática y asoladora».

Robin ha aprendido mucho de esta experiencia y está muy agradecida de que las cosas hayan salido tan bien, teniendo en cuenta todas las circunstancias. «El cáncer y la pérdida de los pechos me han enseñado muchas cosas, pero sobre todo a encontrar la gratitud», afirmó. «Me siento muy agradecida de que el cáncer de mama se me detectara en la etapa inicial. Mi historia podría haber tenido un final distinto si hubiera notado el bulto unas semanas más tarde o si hubiera pospuesto la revisión. También agradezco haberlo pasado con cuarenta y tres años, porque para entonces ya tenía una familia completa, como siempre había deseado. También estoy agradecida a todos los médicos y enfermeras que dedican su vida a luchar contra el cáncer de mama, especialmente a los que me trataron. Y estoy agradecida a las innumerables organizaciones que recaudan dinero para financiar la investigación y a las mujeres que lucharon contra esta enfermedad antes que yo. Estoy agradecida por la nueva perspectiva que le he dado a la vida».

Robin también tuvo un apoyo tremendo que marcó la diferencia. «Ese derroche de amor y amabilidad me cambió para siempre», dijo emocionada. «La influencia positiva y la forma de animarme de mis amigos y de la comunidad me emocionaron enormemente. La infinita compasión de esas personas y la conexión que tuve con ellas me dio infinitas fuerzas. Con tanta gente apoyándome, era imposible que no venciera al cáncer».

Robin se ríe y dice que ahora es menos pudorosa. «Hablo abiertamente sobre pechos, pezones y sexo a menudo. No tengo ningún problema en enseñarle mis pechos a la gente, porque no los siento como míos, sino como una obra de arte de mi cirujano plástico, o como si fueran un proyecto de ciencias».

Estoy especialmente orgullosa de lo empoderada que se siente Robin gracias a una experiencia que la podría haber hundido fácilmente. «Aunque he perdido ciertos elementos de mi sexualidad femenina —mis pechos, mi pelo y mis ovarios— me siento más segura de mí misma y con más fuerza que antes de tener el cáncer», me aseguró. «Aunque me hubiera gustado conocerlas en otras circunstancias, he conocido a mujeres increíblemente inteligentes, compasivas y fuertes. A algunas les debo la vida gracias a sus extensos conocimientos médicos y a otras les debo mi cordura, porque se ofrecieron a acompañarme durante el tratamiento».

Robin no sólo se ha reconciliado con su nuevo cuerpo, sino que ahora está maravillada con su propia fuerza. «Estoy tan emocionada de que mi cuerpo haya respondido así; ha sido capaz de luchar contra el cáncer y recuperarse de la mastectomía», concluyó. «Me encanta ver y sentir la fuerza de mi cuerpo, sobre todo teniendo en cuenta todo lo que ha soportado».

¡Buen duelo!

Es hora de dar pequeños pasos para llegar a superar esa tremenda preocupación por esa parte del cuerpo que has perdido. Si te sientes acomplejada con una prótesis de pierna, empieza por llevar pantalones largos; luego, pasa a los capri, después a los cortos y finalmente anímate con una falda. Si lo que te cuesta es contar lo que te ha pasado, practica compartir lo que te ocurrió con una buena amiga o con un familiar con quien tengas plena confianza. No hace falta que te pases las horas muertas hablando de ello; basta con que lo menciones como parte de la conversación y que luego pases a otros temas. Habla de lo que estás viviendo, poco a poco, y de cómo te sientes. Cuanto más hables de lo que estás experimentando, menos incómodo será para ti y para los demás. También le facilitará a tus seres queridos el poder hacerte preguntas con un interés genuino y no con vergüenza.

20

CUANDO PERDEMOS NUESTRA IDENTIDAD

La pérdida de una amistad, de una pareja, de un trabajo, del hogar, de nuestros sueños y esperanzas... cada una de las pérdidas de este libro lleno de amor esconde detrás la pérdida de la identidad. Así de profunda y potencialmente dolorosa es, porque cuando perdemos nuestra identidad, los Espíritus nos dicen que perdemos una parte de nuestra alma. Perdemos lo que somos, y no hay mayor pérdida que ésa. Cuando perdemos el contacto con nosotros mismos también podemos experimentar otras pérdidas, como la pérdida de la conexión con nuestro entorno y con nuestros seres queridos. Esto provoca sentimientos de tristeza, ansiedad y desconexión.

Estoy bastante segura de quién soy, pero sólo porque me esfuerzo para ello. Muchos de los desconocidos que se cruzan conmigo fuera de casa se sorprenden al ver que soy Theresa, de Hicksville, comprando en Target y haciéndose las uñas en el salón de belleza de mi barrio. Independientemente de si tengo un programa de televisión o viajo por el mundo dando charlas, siempre quiero hacer cosas normales porque soy una persona normal, como todo el mundo. No dejo que el posible brillo y *glamour* de ser «famosa» cambie quién soy. Para mí es importante ser auténtica. Y cuando tus padres viven en la casa de al lado y medio pueblo conoce tu vida, ¡hay mucha gente que te hace tener los pies en la tierra! Tengo un montón de apoyo, lo que hace que ser yo sea mucho más fácil.

¿QUIÉN ERES EN REALIDAD?

Los Espíritus dicen que tenemos todo tipo de identidades entrelazadas en lo que somos como personas y almas. Por ejemplo, podríamos perder nuestra identidad profesional, así que cuando dejamos un trabajo que da estructura y propósito a nuestros días, podríamos cuestionar quiénes somos más allá de haber sido un jefe o un trabajador. Si cuestionamos nuestra fe durante una crisis o cuando alguien a quien queremos ha fallecido, podríamos perder la identidad espiritual y aislarnos de Dios y de la comunidad de la iglesia. Si perdemos dinero, podríamos perder nuestra identidad financiera, o si nos toca la lotería o recibimos una gran herencia, podríamos obtener una identidad totalmente diferente. El cambio de identidad financiera puede desbaratar nuestro sentido de seguridad y de quién creemos ser. Si caemos lesionados o enfermos, podemos perder nuestra identidad física. Puede que hayamos sido alguien que podía ir regularmente al gimnasio o correr detrás de sus nietos, pero ahora las limitaciones físicas pueden hacer que ya no nos reconozcamos ante el espejo. Podemos intentar no perder la autoestima cuando perdemos nuestra identidad, pero ambas cosas están entrelazadas.

Los Espíritus nos dicen que da miedo cuando se producen

múltiples pérdidas de identidad a la vez, ya que pueden acumularse y debilitarnos. La pérdida de un cónyuge por un divorcio, por ejemplo, puede desestabilizar la forma en que nos vemos como compañera, amiga, mujer y madre. Podemos sentirnos al borde de un ataque de nervios o como si estuviéramos fuera de control cuando nuestra identidad recibe muchos golpes. Puede que intentemos curar nuestras heridas y seguir adelante, pero tenemos que abordarlas una por una. Los Espíritus dicen que la forma de hacerlo depende de cada uno de nosotros, porque todos lo afrontamos de forma diferente.

En un mundo ideal, no permitiríamos que los factores externos alteraran nuestra identidad. Sólo permitiríamos que nuestra propia percepción decidiera quién consideramos ser. Sin embargo, los factores externos se nos pegan como pasas a la crema de cacahuete en el tallo de apio que es nuestra identidad. Somos seres humanos, y eso significa que tenemos interacciones y sentimientos humanos. Hay que hacer un gran esfuerzo para que nuestra imagen personal se rija principalmente por lo que sentimos y no por lo que los demás opinan de nosotros.

Yo me esfuerzo mucho para que los factores externos no determinen quién soy, especialmente cuando la gente es cruel y mezquina. Expongo mi vida porque quiero contribuir a las vidas de los demás, pero a veces eso invita a que los desconocidos se sientan con derecho a insultarme y a meterse conmigo y mi personalidad. El hecho de que hagamos públicas muchas cosas no le da derecho a nadie a atacarlas. En las redes sociales la gente me escribe cosas como: «Odio tus uñas, odio tu pelo». Es innecesario y muy cruel. También preguntan a mis amigos: «¿Theresa es tan simpática como parece en la tele?» o «¿De verdad es tan melodramática?». Los desconocidos pueden tener una determinada percepción de quien soy, y tengo que esforzarme por no dejar que eso influya en cómo me veo yo a mí misma. Cada día escojo mi propia identidad válida y real, una que nadie puede arrebatarme.

EL CAMBIO ES BUENO

Cuando perdemos nuestra identidad por alguna razón, es bueno saber que los cambios son positivos y que ser diferente no siempre es malo. A veces, el cambio es exactamente lo que necesitamos para quitarnos esa idea de nosotros mismos y salir de nuestra zona segura. Al fin y al cabo, los Espíritus dicen que la vida es un constante cambio. Nadie es la misma persona que era el mes anterior.

Los Espíritus dicen que el propósito vital de nuestra alma es cambiar, crecer y mejorar desde el momento en que nacemos. Cuando la vida y nuestra posterior identidad no resultan ser lo que creíamos, es fácil preocuparse de que la alternativa nos haga infelices. Debemos recordar que los Espíritus nos dicen que el hecho de que estemos afligidos por una identidad pasada no significa que las identidades futuras no nos vayan a aportar alegría y un propósito renovado en algún momento. Puede que ya no tengamos pareja debido a un doloroso divorcio, pero esto puede liberarnos para volver a estudiar, y eso podría hacer que ser enfermera, decoradora o empresaria forme parte de una nueva identidad.

Mi clienta Elisa es un gran ejemplo de ello. Cuando le negaron la custodia total de su hija tras una titánica batalla legal, se planteó que si no era una madre a tiempo completo, no tenía claro qué ser. Había dedicado diez años dejando sus necesidades, deseos y anhelos en segundo plano para volcarse en darle a su hija lo que necesitaba, quería y deseaba. Elisa era madre en la Asociación de Padres; a ver, que llevaba a los niños en coche a todas partes y los acompañaba a sus actividades. Una supermadre, una todoterreno. Cuando el divorcio le arrebató todo eso, le costó encontrar su lugar.

Con más tiempo libre del que nunca había tenido, Elisa decidió volcarse en su trabajo como escritora. Se dedicó a proyectos profesionales que la apasionaban pero que no habría tenido tiempo de llevar a cabo si hubiera seguido siendo madre a tiempo completo. Cada vez fue cosechando más éxito, y con el dinero que ganó pudo regalarse unas vacaciones para ella y su hija y construir unos bonitos recuerdos que antes no hubiera podido permitirse. Además, cuando ahora pasaban tiempo juntas, Elisa estaba mucho más presente y no se distraía con las mil y una cosas que antes ocupaban su mente. Por eso, aunque Elisa ya no podía pasar tanto tiempo con su hija como antes, el que pasaban juntas era de mayor calidad, lo que las unió mucho más. Elisa se dio cuenta de que no necesitaba ser «madre a tiempo completo» para reafirmarse en su identidad y que el hecho de no tener que ser tantas cosas a la vez tanto en su propia vida como en la de su hija las beneficiaba a ambas.

Es muy importante recordar que nuestra identidad nunca volverá a ser lo que era antes de haberla perdido, y no podemos volver sobre nuestros pasos ni meternos en una máquina del tiempo para regresar al pasado. En cambio, tenemos que aceptar que nuestra identidad es diferente y trabajar en lo que creemos que somos a partir de ese momento. Muchas veces, perder la identidad no es nuestra elección. Si nuestro hijo se va a la universidad y nos deja la casa vacía, nuestra identidad cambia. Lo mismo ocurre con la jubilación o las enfermedades. Los cambios de identidad relacionados nos suceden, pero es nuestro trabajo ver qué sucederá con nosotros mismos.

Con treinta y ocho años, mi clienta Merideth ya había dedicado toda una vida a cosechar éxito tras éxito laboral en el campo de las relaciones públicas. Sin embargo, en noviembre de 2014, el mundo de Merideth se dio la vuelta del todo al sufrir un derrame cerebral grave que la hizo temer por su vida y la dejó incapaz de caminar, hablar o comunicarse. Fue una experiencia aterradora. Tras cinco años de rehabilitación, aún no ha vuelto a ser la que era antes. Su recuperación ha estado llena de momentos dolorosos y malos, pero también buenos.

«Encontrar mi nueva normalidad y reconstruir mi identidad me ha costado mucho más de lo que esperaba», dijo Merideth. «Mi trabajo exigente y mis habilidades como madre polifacética me definían como persona antes de sufrir el ictus. Pero después, mi rol cambió de la noche a la mañana. He tenido que reconstruirme y entender quién es esta nueva persona que habita mi cuerpo; ha sido un viaje enriquecedor, doloroso y sincero». Merideth me contó que el no poder pensar con la misma claridad que antes ni realizar físicamente las tareas a las que antes estaba acostumbrada le ha pasado factura. «Era el modelo perfecto de superheroína, supermamá y superempresaria, pero hoy por hoy sólo soy un proyecto en construcción», me dijo.

Merideth es consciente de que recuperar su identidad significa integrar lo nuevo con lo anterior. «Mi marido y yo tuvimos que reconstruir nuestra relación basándonos en nuestro pasado y en lo que queríamos para el futuro», dijo. «Y mi hijo y yo tuvimos que reconstruir nuestra confianza en saber que no iba a morir. Aunque mis clientes me apoyaron durante mi recuperación, esta nueva empresaria ha tenido que integrar sus habilidades anteriores con un ritmo diferente, más lento y más reflexivo tras el ictus. Estoy agradecida de que todos los que me rodean acepten cómo he mezclado el pasado con el presente, porque ha sido una verdadera curva de aprendizaje y un ejercicio de aceptación y tolerancia».

Aun así, Merideth dijo que está en su naturaleza seguir «luchando e intentando adaptarse para crear una nueva normalidad, ya que no tengo otra opción. No puedo sentarme y no vivir al máximo. Lo que me ha ayudado han sido la honestidad, la paciencia y permitirme llorar la pérdida», dijo. Merideth ha llorado, pero no ha permitido que ese dolor le impida reconfigurar una identidad que pueda abrazar por completo. Lo mejor de una identidad es que tenemos la oportunidad de definirla y redefinirla, tal y como queramos que sea. Esto puede ser molesto, o puede ser emocionante y refrescante; la perspectiva depende de nosotros.

CUANDO PERDEMOS NUESTRA IDENTIDAD CULTURAL

Una persona que se siente desplazada por haber cambiado una cultura por otra —ya sea por mudarse a un nuevo país, estado o incluso simplemente a un nuevo barrio— puede experimentar un cambio de identidad cultural. Se pierden los olores y las tradiciones familiares. Es posible que no se reconozcan con la ropa que llevan ahora o que se sientan fuera de lugar con ciertos alimentos y acentos. Pueden sentirse forasteros en una tierra extraña, y todo porque su identidad cultural ha cambiado y puede que ya no tengan claro quiénes son.

Mantra: «He aprendido de la persona que era y estoy orgulloso de quién soy ahora».

Cuando emigramos, perdemos nuestra identidad y el sentido de la persona en la que nos estamos convirtiendo. Mi amigo Niklas se trasladó a Estados Unidos desde Finlandia en 2012 y tiene sentimientos encontrados porque se siente desplazado culturalmente. Hay momentos en los que siente que ha perdido su identidad y echa de menos algunas de sus costumbres finlandesas, como la sauna. Sigue comunicándose con sus parientes finlandeses por Skype. «Echo de menos sobre todo a mis viejos amigos, que están en Finlandia», contaba. «Aquí, en Estados Unidos, me resulta difícil hacer nuevos amigos, y aunque la gente es más social, las interacciones son más superficiales. A los finlandeses nos cuesta abrirnos mucho, pero cuando hacemos una amistad, es para siempre». De todos los olores, imágenes y sonidos familiares que más echa de menos, Niklas me contaba que extrañaba el ambiente del vestuario de su antiguo equipo de hockey sobre hielo. «¡El olor no!», se ríe. A veces, puede llegar a sentirse como un auténtico extranjero en Estados Unidos y pierde la sensación de pertenencia. «En ocasiones, siento que ya no soy finlandés del todo, pero tampoco soy totalmente estadounidense. ¿Quién soy? No me siento de ningún lugar en particular».

A pesar de todo, Niklas se esfuerza por integrar parte de su antigua vida en la nueva. «De vez en cuando, añoro mi antiguo hogar, pero ahora siento que mi casa está aquí y que cuando voy a Finlandia sólo estoy de paso. Abrazo lo que puedo de mi identidad cuando voy allí y trato de integrarla a la que tengo aquí, con mi familia». Cuando se siente desplazado o un poco desubicado al vivir aquí, a Niklas le gusta ver películas finlandesas, escuchar música finlandesa y llamar a sus amigos finlandeses para ponerse al día.

Con esa cantidad de identidades entrelazadas que nos definen como personas, los Espíritus dicen que las posibilidades de reinventarse son infinitas (¡en el buen sentido!). Si somos receptivos a estos cambios, se nos hará más fácil aceptarlos y adoptarlos como nuestros. Nuestra identidad será como nosotros decidamos que sea.

¡Buen duelo!

Haz un tablero visual y divídelo en tres partes: una para quien eras, otra para quien eres ahora y otra para quien quieres ser en el futuro. Recorta imágenes de revistas que representen todas estas dimensiones de ti mismo y fíjate en cómo puedes mezclarlas y combinarlas con belleza para crear la persona que quieres ser.

21

CUANDO YA NO PODEMOS AVANZAR

Éste es un tema que se me hace más complicado de canalizar. Nunca he experimentado una pérdida tan complicada como la de perder las ganas de seguir adelante, pero he canalizado suficiente dolor para entender ese impulso. Creo sinceramente que siempre hay una razón para seguir adelante si no dejamos de buscarla, pero eso es porque mi naturaleza es más bien optimista. Ahora bien, entiendo que la desesperanza y el transcurso de las cosas pueden hacer que otros se rindan y pensar que «mañana no será otro día».

Todo lo que sé sobre este tema es gracias a mi experiencia como médium de los Espíritus, quienes insisten en que, si podemos abrirnos paso a través de nuestro dolor cada día, el tiempo se encargará de sanar las heridas. Nuestra meta debe ser salir de la cama todas las mañanas y acostarnos temprano. Llegar hasta el final del día ya es un motivo de celebración. La vida puede ser dura; cuando las cosas se complican mucho, hay que tener mucho tesón para encontrar la voluntad y el aguante suficientes.

PERDERLO TODO

Una persona pierde su voluntad de seguir adelante cuando siente que ya no puede gestionar lo que se le viene encima. Sus esperanzas y sueños pierden su brillo, no tiene fe y cree que nunca volverá a sentir felicidad, o al menos un resquicio de alegría que vaya venciendo esos impulsos negativos que ahora siente. Sí, sé lo que están pensando: perder la voluntad de avanzar no tiene por qué implicar un deseo de morir, es cierto. Podríamos perder nuestro trabajo y luego perder la fuerza para volver a estudiar o seguir buscando nuevas oportunidades laborales. Podríamos no sólo perder un hogar, sino la determinación para reconstruirlo y empezar de nuevo. Podríamos perder la confianza en nuestra pareja y luego la voluntad de intentar arreglar la relación, y después volver a encontrar el amor. Perder la voluntad de mejorar es simplemente abandonar la búsqueda y desviarnos de nuestro camino. En ese momento, estamos tan desanimados que no queremos superarnos ni esforzarnos para intentar encontrar una nueva forma de ser felices.

Nunca juzgaría a alguien que pierde su fuerza para seguir adelante. Entiendo que se puede llegar a un punto de exasperación tal que no ves otra salida. También es el único tema de este libro en el que los Espíritus no nos pedirán que pensemos que hay cosas peores. Cuando se pierde la voluntad para seguir luchando, significa que hemos tocado fondo. Es lo peor que te puede pasar. Cuando llegamos a nuestro límite, los Espíritus tienen compasión y nos animan con cariño a hacer lo posible por mejorar, aunque sea poco a poco, para que nuestra vida vaya volviéndose a encarrilar sin prisa, pero sin pausa.

Mi clienta Julia sabe bien lo que es perder las ganas de seguir luchando. Durante dos años, sufrió la enfermedad neurológica de Lyme y sensibilidades químicas y ambientales que la incapacitaron para salir e incluso para vivir en casa, con su propia familia. Por eso, decidió mudarse a un apartamento como solución temporal, momento en que su marido aprovechó para entregarle los papeles del divorcio. Le dijo que «no podía soportar más enfermedades» y que esa semana la llamaría su abogado.

Julia se quedó en *shock*. La pareja tenía entonces un hijo de seis años que estaba en medio de todo. Además de la lucha por encontrar una solución médica, sufrió el rechazo de su marido y tuvo que luchar por la custodia compartida de su hijo. La presión y la tristeza se le cayeron encima como un enorme peso.

Esta bomba de emociones hizo sufrir mucho a Julia, y algunos días le costaba un mundo estar de pie. «A veces, el dolor y la presión se me hacían insoportables», me confió Julia. «En un buen día, me quedaba en la cama hasta el mediodía y lloraba mares. En mis peores días, le pedía a Dios que me curara o, si ése no era su plan, que me quitara la vida. Creía que podía hacer más por mi hijo como alma en el Cielo, amándolo y guiándolo como espíritu, que como ser humano en un cuerpo roto».

Nadie podía ayudar a Julia para que le diese sentido a su vida diaria, ni siquiera por su maravilloso hijo. Su depresión era tal que se palpaba en el ambiente. Julia no veía salida a su miseria y a la acumulación de pérdidas que la acompañaban: pérdida de identidad, salud, matrimonio, hogar, familiaridad, seguridad, control, dinero y mucho más. También empezó a perder la esperanza en Dios, aunque siguió rezando fervientemente para intentar obtener respuestas. Aunque Julia acudía a un terapeuta y tenía un pequeño grupo de amigas que la apoyaban, esto no era suficiente para que recuperara sus ganas de seguir adelante. Y continuó así hasta que su salud mostró pequeños signos de mejora gracias a un médico integral y pudo recuperar sus ganas de continuar, de volver a trabajar y de encontrar una razón para levantarse cada mañana y afrontar el día con su antiguo entusiasmo. Poco a poco, recuperó su voluntad y su energía empezó a alinearse con el propósito que Dios le había reservado. Y empezó a sanar.

QUERERSE A UNO MISMO TRAS
LA PÉRDIDA DE UN SER QUERIDO

Hay muchas situaciones que pueden hacernos perder las ganas de perseverar, pero la pérdida de un ser querido —especialmente la de un hijo— es sin duda una desgracia que veo a menudo. Nunca olvidaré la lectura de una mujer cuyo hijo se había ahogado. Cuando canalicé el alma del chico, éste le dijo a su madre: «Sé que quieres estar conmigo, pero aún no te ha llegado el momento de marchar. Tu alma no puede estar conmigo de esa manera, pero mi alma está contigo todos los días y, cuando llegue tu momento, nos volveremos a encontrar». También quería que supiera que él había estado a su lado mientras miraba fotos antiguas y le pidió que lo recordara como en esas fotos: sonriente, feliz y sin ninguna preocupación. También quería que ella viviera sin culpas, vergüenzas ni remordimientos por su muerte. Podía sentir que la madre había perdido la esperanza y el sentido de la vida cuando su hijo murió, y que no sabía cómo seguir adelante sin él en su vida.

Me encontré con un caso similar cuando canalicé el alma de una hija que le dijo a su madre: «Tienes que cuidarte, ahora no puedes venirte conmigo». La mujer había estado rezando a Dios para que se la llevara de este mundo. La mujer me dijo llorando: «Mi hija era mi vida, mi todo. No sé cómo vivir sin ella». Me sentí muy mal por esta madre tan desconsolada. Normalmente, cuando una persona se siente tan perdida como esta mujer, los Espíritus la guían para que consiga encontrar cierta paz espiritual y superar su sufrimiento: crear una fundación en honor a su hija, unirse a un grupo de apoyo en la iglesia o canalizar su energía maternal en su ahijada o con la hija de una amiga. Cuando alguien también pierde la voluntad de seguir adelante, los Espíritus se muerden la lengua, porque en ese momento la persona es demasiado frágil y nada de lo que digan servirá para levantarle el ánimo. Los Espíritus se limitan a enviarle compasión y amor.

La sensación de haber tocado fondo que deja la pérdida de un ser querido puede llevarnos al borde del abismo. Si perdemos un trabajo o una amistad siempre podemos encontrar otro, pero cuando una persona se muere no podemos reemplazarla, ni el papel que ocupaba en nuestra vida. Y aunque la pérdida de la voluntad de seguir adelante es algo que siente mucha gente, el grado de pérdida es distinto para cada persona. Lo que sí es común a todos los casos es que el dolor y la pérdida se imponen y eclipsan esa voluntad de prosperar.

DESPACITO Y CON BUENA LETRA

Cuando estemos en este punto, los Espíritus nos dicen que puede ayudarnos rezar a San Judas, que para mí representa la sanación, y a la Santísima Madre, que simboliza la compasión y la crianza. Por supuesto, también debemos dirigirnos a Dios y pedirle fuerza para seguir adelante con nuestra vida. También podemos pedir a los Espíritus que validen que vamos por el buen camino y que nos envíen señales de que estamos rodeados de amor y apoyo. Podemos pedir que una flota de bellos ángeles nos ayude a llevar nuestras penas.

Cuando estamos así de decaídos, los Espíritus nos dicen que simplemente tratemos de desahogarnos lo mejor posible. Llorar es una gran herramienta porque es un reajuste emocional y puede ser liberador. También podemos gritar, patear y golpear un cojín si lo necesitamos. Debemos hacer esto tan a menudo como nos lleguen los sentimientos abrumadores. Tras un rato, los Espíritus nos sugieren centrar nuestros esfuerzos en crear un nuevo plan o en realizar una actividad que nos anime a mejorar como personas.

Digamos que hemos perdido a un hijo en un accidente de tráfico por culpa del alcohol y que estamos llorando esa pérdida con tanta intensidad que no queremos levantarnos de la cama. Hay que tomarse el tiempo necesario para sentirnos tristes, pensar y reflexionar. Pero luego tenemos que darnos cuenta de que, por muy doloroso que sea, nuestra vida ha cambiado y necesitamos llenar esta nueva normalidad con cosas que nos inspiren para levantarnos cada mañana y empezar el día. Puede resultar más motivador hacer cosas por los demás que hacerlas por nosotros mismos, así que debemos pensar en un plan para realizar una sola actividad que pueda ayudar a otras personas a encontrar la paz o la comprensión relacionadas con nuestro dolor: tal vez podamos hablar en una escuela sobre los peligros de conducir bajo los efectos del alcohol o crear una beca en nombre de nuestro hijo. El objetivo es restablecer un propósito o crear una serie de pequeños objetivos para nosotros mismos para poder seguir adelante con nuestra vida.

CUANTO MÁS SUFRIMOS, MENOS PODEMOS AGUANTAR

El dolor acumulado también puede hacer que perdamos nuestra voluntad para seguir adelante con el paso de los años. El padre de mi amiga Mary tuvo una vida muy difícil, y tras una serie de desamores, acabó perdiendo su voluntad de vivir. «Si alguien me hubiera dicho antes que se puede tener voluntad de morir», comentó Mary, «no me lo habría creído. Pero luego fui testigo de cómo mi padre perdía sus fuerzas para seguir adelante».

Mary describió a su padre como un hombre amable y tranquilo que había tenido su buena dosis de dificultades a lo largo de la vida. «Cuando su madre murió en la epidemia de gripe de 1918, tenía dos años, y tanto él como todos sus hermanos acabaron en un orfanato de Washington, D.C.», dijo. «Su padre estaba en las fuerzas navales y le dijeron que el orfanato era el mejor lugar para ellos. También le aconsejaron que no los visitara, porque los niños sufrirían cada vez que se volviera a ir». El padre de Mary permaneció en el orfanato hasta los diecisiete años; entonces, llamaron a un pariente para que lo recogiera, firmara el papeleo y lo alistara en la armada.

El padre de Mary luchó en la guerra de Corea y, en una de sus visitas a casa, conoció a su madre y se casó con ella. ¡El amor de su vida! Tuvieron cinco hijos. Mary, la menor, nació diez años después de los demás. Cuando sólo tenía cinco años, su madre murió de cáncer de colon. Durante los horribles meses que siguieron a su muerte, el padre de Mary lloraba durante el día y gritaba en sueños por la noche. «A pesar de que estaba muy unido a su familia, creo que fue entonces cuando el estado emocional de papá empezó a deteriorarse», contaba Mary. «Se casó con la primera mujer que apareció. Ella quería un marido a toda costa, pero no a los cinco hijos que venían con papá. Aun así, acabó casándose con él».

Mantra: «Puede que ahora todo se haga cuesta arriba, pero estoy decidido a tener un futuro mejor».

Hubo que esperar hasta que el padre de Mary y su nueva esposa se dieran el «sí, quiero», para descubrir que esta mujer, a la que Mary llamaba «la conquistadora», era una fumadora empedernida que abusaba de los niños, se emborrachaba y se peleaba con cualquiera que se le cruzara en su camino. Sin embargo, por mucho caos que provocara, el padre de Mary siguió con el matrimonio porque (1) los buenos católicos no se divorcian y (2) «la conquistadora» lo había convencido de que ninguna otra mujer del mundo querría a un hombre con cinco hijos. «Mi padre aguantó un revés tras otro, un día tras otro y un año tras otro», relató María. «Y nunca dejó de portarse bien conmigo. Yo hacía de hija y también de amiga». Y el padre hizo todo eso mientras cargaba con la tristeza y el resto de los problemas de su vida.

Mary recuerda que su padre una vez le dijo que, si alguna vez enfermaba, incluso podría soportar estar en silla de ruedas, pero que prefería morir antes que volver a llevar pañales como si fuera un bebé. «Un día me llamaron para avisarme de que mi padre, que por entonces tenía setenta y seis años, se había caído y tenía el habla afectada», dijo Mary. «Era un tumor cerebral y tenían que extirpárselo con cirugía. La buena noticia era que el tumor era benigno y no creían que le fuera a pasar nada». La operación fue todo un éxito y el padre de Mary se fue a casa. Mientras se recuperaba, tuvo que hacer rehabilitación para hablar y escribir y, por desgracia, tuvo que llevar pañal —«el temido pañal», como lo llamaba Mary— en caso de accidentes.

Poco después, el padre de Mary empezó a hablarle de la muerte y de morir. «Me ha llegado la hora», decía, pero Mary le replicaba: «No, papá, los médicos dicen que te recuperarás». Él le recordaba a Mary que todos sus familiares habían muerto a los setenta y siete años y que a él le estaba llegando su hora. Mary le insistía: «No, papá. Eso era en otra época, cuando la gente no iba al médico ni cuidaba su salud». Pero daba igual lo que le dijera, porque su padre estaba convencido de que iba a pasar. Aunque ella siempre decía que no era un hombre de mucha fe, sabía que tampoco tenía miedo. De hecho, hacía muchos años que no lo veía tan tranquilo, fuerte y con una determinación tan tremenda. «A pesar de no tener una enfermedad terminal, su voluntad de vivir se desvanecía día a día, y me repetía que ya "le había llegado su hora"», siguió Mary.

Cuando se acercaba el cumpleaños del padre de Mary, éste le preguntó a su hija qué se le ocurría que podían hacer, pues «éste podría ser el último». Mary se quedó descolocada y decidió que pasarían el día juntos en casa. Decidió mostrarle en vídeo a los maravillosos Tres Tenores, Plácido Domingo, José Carreras y Luciano Pavarotti. Al padre de María le encantó el detalle, y al final del vídeo le dijo: «Ha sido el mejor cumpleaños de mi vida. Recuerda este día».

Mary también me dijo que si alguien le hubiera contado esta historia a ella antes habría pensado: «Espera, ya sé cómo acaba esto... este señor se va a suicidar». Pero el padre de Mary no se quitó la vida. Días después de su cumpleaños, en una preciosa tarde de primavera, su padre se acostó, cerró los ojos, respiró por última vez y se fue. Al fin y al cabo, «era su hora».

Los Espíritus nos dicen que a todos se nos da un período de tiempo durante el cual estamos destinados a fallecer, y el padre de María sabía con gran intuición que el suyo había tocado a su fin. Abandonó los fantasmas, por así decirlo, y se entregó al deseo de su corazón.

¡Buen duelo!

Crea un póster que represente cómo te gustaría que fuera tu vida, con objetivos que quieras alcanzar ahora y en el futuro. Este póster puede estar inspirado en una pérdida actual que te esté deprimiendo, tal vez la pérdida de tu estabilidad financiera, tu fe, tu identidad o tu buena salud. Recorta imágenes, palabras, poemas, escritos —lo que quieras— y pégalos en tu póster para representar cómo quieres que sea tu mañana. Cuando hayas terminado, este mosaico representará tu visión del futuro, y cada vez que lo mires con positividad y optimismo, ayudarás a que se haga realidad. También te servirá de recordatorio para perseguir activamente los objetivos que has incluido. No confíes sólo en Dios y los Espíritus para que te traigan estas oportunidades o para que la Ley de la atracción las invite; debes rezar y proponértelo para conseguirlo. Muéstrale al universo lo que quieres, luego sal ahí fuera y llama a la magia que lo traerá a la vida.

22

CUANDO PERDEMOS LA CONFIANZA
EN NUESTRAS DECISIONES DEL PASADO

Cuando hablamos de perder la confianza en nuestras decisiones pasadas, en realidad estamos hablando de arrepentimiento. Y cuando pensamos en nuestro arrepentimiento, es importante que lo enfoquemos desde la perspectiva correcta para poder sanar sin que la negatividad nos vuelva como un *boomerang*. Tenemos que considerar el estado de ánimo que teníamos cuando tomamos esa decisión de la que nos arrepentimos y encontrar una manera de hacer las paces con nuestras decisiones pasadas. Para eso, es posible que tengamos que replantearnos la elección en nuestra mente, pedir perdón o incluso perdonarnos a nosotros mismos, dependiendo de cómo nos afecte el arrepentimiento por dentro.

LECCIONES APRENDIDAS

Los Espíritus dicen que una forma de superar un arrepentimiento pasado es reconocer que la elección o decisión que tomamos sirvió para algo en su momento. Puede que la decisión no nos sirva ahora o que nos sintamos mal por lo que hicimos, pero en ese caso tenemos que verlo como una lección. Debemos aprovechar ese arrepentimiento para aprender a valorar lo que realmente nos importa.

A lo mejor castigamos a nuestro hijo quitándole la videoconsola durante una semana y ahora creemos que nos pasamos un poco. En aquel momento nos pareció la mejor idea, así que no debemos castigarnos por ello. Considerémoslo como una lección: la próxima vez, le quitaremos la videoconsola sólo durante un par de días.

Aquí va otro ejemplo tonto: la otra noche salí y me tomé unos cócteles; luego, comí pasta, pan y rematé con un postre. Me podría haber arrepentido de haberme dado ese capricho, pero decidí no hacerlo. Todo estaba delicioso y lo disfruté mucho. Si me hubiera lamentado por las calorías y los carbohidratos que consumí, me habría estropeado el día. En cambio, lo que hice al día siguiente fue comer más sano, hacer ejercicio y beber mucha agua. Seguí con mi vida. No quería quedarme atascada en un estado de ánimo negativo; si hubiera permitido que mis remordimientos me mortificasen, no habría salido de ahí. Cuando vi que había subido un kilo y medio, aparté el arrepentimiento y aprendí de mi error: si quiero mantener mi peso, puedo seguir dándome mis antojos, pero a lo mejor puedo beber menos y saltarme el postre.

El arrepentimiento está relacionado con cosas que desearíamos que hubieran sido diferentes o mejores en el pasado, y esas cosas siguen afectándonos ahora. Esto puede causar un dolor que pesa mucho en nuestra mente y corazón si no lo procesamos y seguimos adelante de una manera saludable.

Puede que nos arrepintamos de no haber pasado más tiempo con nuestros hijos cuando eran pequeños porque trabajábamos mucho o de haber tomado demasiado azúcar y haber contribuido a empeorar nuestra salud. Es natural sentir arrepentimiento, pero también debemos darnos cuenta de que es un sentimiento sin salida. No se puede volver atrás en el tiempo para cambiar el pasado: no podemos revivir las relaciones con nuestros hijos ni cambiar la cantidad de azúcar que nos metimos al cuerpo. Lo que sí podemos hacer es aprender de este arrepentimiento y cambiar nuestros patrones y hábitos de vida. Podemos ser más conscientes del tiempo que pasamos con nuestros seres queridos y ajustar nuestra dieta para vivir una vida más feliz, más sana y sin arrepentimientos.

Uno de los problemas del arrepentimiento es que, cuando miramos atrás, reproducimos una y otra vez el incidente en nuestra cabeza, lo que puede acabar en culpa y vergüenza. Normalmente afrontamos la vergüenza, la culpa y el arrepentimiento del pasado reprimiendo nuestros sentimientos y no procesándolos. Eso sólo nos hará estar resentidos y enfadados y ponernos a la defensiva. Puede ocurrir en una discusión y cómo creemos que nos comportamos durante la misma.

La culpa, la vergüenza y el arrepentimiento a menudo vienen en un solo paquete cuando canalizo uno de esos sentimientos relacionados con una elección del pasado. Los Espíritus dicen que es difícil sentir uno de ellos sin experimentar los otros. Cuando nos lamentamos por una elección del pasado, estamos entrando en lo que los Espíritus llaman el terreno del «podría/tendría/debería». De nada sirve decir lo que podríamos, querríamos o deberíamos haber hecho de forma diferente porque, como ya hemos dicho antes, no podemos volver atrás en el tiempo y cambiar las decisiones que tomamos y que podrían haber conducido a un resultado diferente. El «podría/tendría/debería» es especialmente peligroso porque, en cualquier caso, no sabemos si esa hipotética reproducción de los hechos habría llevado a un final diferente; es algo que tiene más fantasía que realidad. Por eso, la culpa, la vergüenza, el arrepentimiento y el eterno «podría/tendría/debería» son emociones negativas que, juntas, nos corroerán el alma y nos dejarán en peores términos con nosotros mismos. Es mejor prometernos no volver a tomar esa decisión que ahora lamentamos y zanjarla como una lección aprendida.

DARLE LA VUELTA A LA MONEDA

Los Espíritus suelen decirnos que les demos la vuelta a las cosas cuando sintamos la tentación de lamentarnos; esta táctica funciona tanto con los incidentes graves que arrastra nuestro corazón como con los retos diarios que son importantes, pero no de vital importancia. Así, si lamentamos no haber estado presentes cuando falleció nuestro abuelo y no haber podido despedirnos de él, hay que darle la vuelta a la moneda y pensar en los recuerdos que tenemos de cuando estaba vivo y pasábamos tiempo con él. Otro ejemplo más cotidiano: si lamentamos no haber podido ir a la playa cuando estábamos de vacaciones porque llovió durante tres de los cinco días, recordemos en cambio los juegos de cartas con los que nos divertimos y la música que sonaba mientras pasábamos el tiempo con nuestros seres queridos a resguardo. No habríamos vivido las mismas experiencias

ni mantenido las mismas conversaciones con ellos si no hubiera
caído ese chaparrón. Los Espíritus nos recuerdan que siempre
hay un lado positivo.

Los remordimientos pueden aparecer y desaparecer cual
tormenta de verano, o pueden permanecer en nuestro interior
y tener consecuencias a largo plazo, arrebatándonos la felicidad
tanto en ese momento como a largo plazo. Los remordimientos
pueden impedirnos que en el futuro escojamos y tomemos decisiones con seguridad, porque puede que no confiemos en nosotros mismos o nos preocupe hacer daño a los demás, sea cual
sea la consecuencia de la situación de la que nos arrepentimos.
Cuestionarnos nuestras relaciones, desconfiar de los médicos o
incluso decidir cómo pasaremos las próximas vacaciones pueden
ser sólo algunas de las decisiones que pueden verse afectadas
por nuestra inseguridad, que siempre viene por la autopista del
pasado para castigarnos.

Hablando del tema, he aquí algo muy interesante: un estudio descubrió que los arrepentimientos relacionados con lo que
desearíamos haber dicho o hecho permanecen con nosotros
a largo plazo más que lo que realmente dijimos o hicimos, lo
cual es más importante a corto plazo. En otras palabras, desear
haber sido sinceros con nuestra madre y decirle que fue mala con
nosotros durante una discusión nos marcará durante mucho más
tiempo que simplemente decirle que es mala en el momento, porque sólo nos sentiremos mal temporalmente. Y si no nos gusta
el novio de nuestra hija, nos sentiremos peor por no decir lo que
sentimos que por decirle la verdad, aunque no salga bien y nos lo
pensemos mejor la próxima vez. Sabiendo esto, podemos reducir
los remordimientos diciendo simplemente lo que sentimos en el

momento, pero también siendo conscientes de las palabras que utilizamos. Si expresamos lo que queremos decir con cuidado y respeto, no tendremos nada de lo que arrepentirnos y podremos seguir adelante sin esa pesada carga.

ADELANTARSE A LOS REMORDIMIENTOS

Como sé por los Espíritus que los remordimientos pueden destrozar a una persona, hago lo posible por adelantarme a ellos para no sufrirlos después. Por ejemplo, me duele no pasar más tiempo con mis padres porque viajo mucho por trabajo, y por eso hago todo lo posible para decirles lo mucho que los quiero, aprecio, extraño y valoro. Quiero estar segura de que saben exactamente lo que siento por ellos, porque no quiero que llegue el día en el que me lamente por no haber expresado lo suficiente mis sentimientos porque estaba demasiado ocupada o distraída. No quiero desear haber dicho algo y que eso me coma por dentro durante años.

Aunque podemos sentirnos arrepentidos cuando miramos atrás y creer que tendríamos que haber hecho algo de otra forma, es importante saber que no podemos cambiar lo que está en el pasado. Lo que sí se puede hacer es intentar adelantarse a cualquier sentimiento negativo que pueda aflorar en el futuro, como hago yo, y permitir que las situaciones de arrepentimiento del pasado nos enseñen a ser mejores. Es importante enterrar los remordimientos del pasado, o éstos acabarán llevándonos a otras pérdidas, como la pérdida de identidad o de la sensación de seguridad. Eso sin contar con que cualquier sentimiento de culpa o vergüenza existente se intensificará con amargura, odio y desesperación. Cuantos más sentimientos negativos acumulemos, más tiempo tardaremos en sentirnos mejor.

Conozco a una mujer llamada Terri que hizo un tremendo esfuerzo para adelantarse a sus remordimientos cuando se encontró en una situación extrema. El marido de Terri —un alcohólico maltratador que había amenazado con matarlos a ella y a los niños y después suicidarse— abandonó a la familia la mañana de Navidad, después de que sus cuatro hijos hubieran abierto sus regalos. Terri le había implorado que no se fuera ese día en particular porque creía que marcaría a sus hijos para siempre. En aquel momento, los niños tenían cuatro, siete, trece y dieciséis años.

Mantra: «Siento arrepentimiento y decepción,
pero voy a dejarlo ir y perdonar, por mí».

Sin embargo, el marido de Terri abandonó a su familia en Navidad, en una situación terrible de la que fue difícil recuperarse. Además del desgaste emocional de su relación rota, la dejó sin un centavo: «Mi ex me dijo que me arruinaría cuando solicité el divorcio, y lo cumplió», dice. Terri pasó de vivir en una de las ciudades más ricas del país, con una gran casa, piscina, jardinero, niñeras... a vivir de las ayudas sociales y alimentar a sus hijos gracias a los bancos de alimentos. Se veía obligada a alquilar casas sin calefacción, las mantas nunca eran suficientes y apenas tenía dinero para que sus hijos pudieran comer fruta y verdura. En un momento dado, Terri vendió su anillo de compromiso por unos míseros ochenta dólares, todo para poder alimentar a su familia durante una semana. «Aquella noche hicimos un picnic en el suelo», dice. «Me pareció un auténtico lujo». Para salir adelante, Terri repetía: «Prefiero vivir en un altillo con un mendrugo de pan que festejar en un castillo sin paz». Ponía una y otra vez la canción «All You Need Is Love» para bailar con los niños por la casa y tratar de normalizar una situación tan traumática.

Para sobrevivir, Terri tuvo que idear una estrategia para procesar el dolor de sus hijos y mitigar cualquier daño adicional, por su bien y el de los niños, y evitar que sintieran culpabilidad o rencor en un futuro. Como se podrán imaginar, ya por entonces los cuatro niños estaban viviendo todo tipo de duelos por la repentina pérdida de su hogar, su padre, el dinero y la atención de su madre, que tenía cuatro trabajos para poder pagar el alquiler y poner comida en la mesa. A menudo, tenían la sensación de que habían perdido a ambos padres.

Terri hizo todo lo posible por atender las necesidades de sus hijos, pero tuvo que priorizar. «Tuve que decidir a qué niño sanar primero y a quién le afectaría más la pena», dijo. «Era como una situación a lo "La decisión de Sophie"». Cuando el marido de Terri se fue, su hija mayor, de dieciséis años, acababa de dar a luz. Tres meses después, Terri le dio su bendición para que fuese a vivir con sus futuros suegros. Durante la misma época, el hijo de Terri acudía a terapia durante cinco días a la semana. Terri se esforzaba por compaginar su horario de trabajo con la gestión de la gran ira que tenía su hijo. Sentía que tenía que ser dura, pues el niño ya daba señales de caer en las drogas, algo que ya se había normalizado en la familia. Terri quería adelantarse a eso. Con su hija mayor atendida, Terri hizo todo lo posible para que su hijo ingresara en un programa de desintoxicación durante diez meses. «Fue muy doloroso verle rozar el pozo de la adicción», dijo. «Tenía que estabilizarlo». Después, Terri envió a las dos hijas que le quedaban a casa de su madre en Nueva Jersey durante dos años, mientras ella se recuperaba. «Estaba agotada, arruinada, deprimida y tenía que lidiar con unos niños que también habían sufrido mucho», siguió contando. «Mantenerlos a todos conmigo habría creado más dolor, porque no les podía dar un entorno estable en ese momento». Temía que el dolor de sus hijos los persiguiera toda la vida si no se trataba a tiempo.

Mientras sus hijos estuvieron fuera, Terri acudió a un terapeuta y pasó por el duelo de lo que había romantizado y había esperado de su matrimonio frente a la realidad de cómo se había desarrollado. Se cuidó a sí misma, trabajó mucho espiritualmente y trabajó como voluntaria en un hogar para enfermos de SIDA, lo que la mantuvo con los pies en la tierra y la ayudó a reconocer que el sufrimiento forma parte de la vida. «Me obligué a recordar que la vida es dura y que todos estamos en el mismo barco. Me sentía muy sola y estaba agotada de tanta batalla», concluyó. Terri se centró en crear un ambiente de amor, visión y esperanza para su familia tras luchar con uñas y dientes contra la pobreza y el dolor.

Durante todo este tiempo, Terri afirma que se sintió guiada «por una fuerza superior en la que tenía que confiar. Tenía que creer que no tenía nada que perder». Intuitivamente, sintió que estaba tomando las mejores decisiones que podía para su familia, especialmente para evitar la vergüenza, la culpa y el arrepentimiento en el futuro. Terri dijo que se apoyó mucho en Dios y aprendió a aceptar lo que le estaba sucediendo y que las condiciones de la vida siempre podían cambiar de un día a otro. «Necesitaba saber que estaba haciendo todo lo posible, así que le dije a Dios que me quitara esta carga, porque no podía darlo todo sin Su ayuda. Fue una cuestión de fe y confianza ciega», dijo. «Confié plenamente en los Espíritus y en el ritmo de Dios; tuve que confiar y rendirme como nunca antes en mi vida».

Terri se sobrepuso al dolor y consiguió perseverar. Tras semejante pérdida, lo único a lo que se aferró fue a la esperanza. «Sabía que era una puerta que me llevaría al bienestar en algún momento», siguió relatando. «La gratitud que sentía por que mi familia siguiera intacta, que divorciarme de mi marido hubiera sido la decisión correcta y que volviera a poder mantenernos a los niños y a mí me daba entereza. Una gran dosis de gratitud y paciencia. Sentíamos la presencia de un amor innegable y sobrenatural».

Pasaron años, incluso décadas para resolver algunos problemas, antes de que la vida de esta familia se estabilizara y volvieran a sentirse como una sola unidad. Además, comprenden el valor y la belleza de los milagros, el agradecimiento, la fe y la perseverancia. «Para nosotros, el dolor ha sido el mejor maestro», dice Terri. La familia habla abiertamente de lo que pasaron y siente que esas dificultades los ayudaron a convertirse en las personas que son hoy.

PERDONARNOS A NOSOTROS MISMOS Y A LOS DEMÁS

Cuando sintamos arrepentimiento, es importante perdonar a los demás por lo que puedan haber hecho para provocar esta emoción en nosotros y también que nos perdonemos a nosotros mismos por nuestra reacción con ellos y la respuesta que les dimos. Lo complicado viene cuando la otra persona no se disculpa por lo que ha hecho; aun así, perdonarla te ayudará y te liberarás de esa carga. El perdón tiene que ver, ante todo, con tu propia sanación.

Lo que ocurre con el perdón es que no es más que la liberación de un germen que está dentro de nosotros; no significa necesariamente reconciliación o rehacer el pasado. Los psicólogos dicen que perdonar a alguien puede ayudar a mejorar nuestro estado de ánimo, protegernos del estrés, disminuir la ansiedad y reducir la depresión. Incluso si la persona que nos ha hecho daño ofrece una disculpa poco sincera o no ofrece nada, y nos arrepentimos de habernos relacionado con esa persona en primer lugar, perdonarnos a nosotros mismos es la clave. Ignorar o tratar de lidiar con el problema no suele funcionar. Los Espíritus dicen que debemos decidirnos a perdonar y tratar de tener compasión por la persona que nos hirió. Debemos pensar si el acto fue hecho intencionadamente o en circunstancias difíciles. Tenemos que intentar dejar de lado nuestras emociones y pensar en cómo podemos haber crecido a partir de la experiencia.

El perdón consiste en ser benévolo con los demás, se lo merezcan o no. Es algo que ofrecemos a otra persona porque sabemos que es lo correcto. La empatía es una parte importante del perdón. Los Espíritus dicen que si conseguimos desarrollar empatía por esa persona y reflexionar sobre las circunstancias que la llevaron hasta esa situación, esto puede ayudarnos a perdonar a alguien que nos ha hecho daño. También nos ayuda a dar sentido a nuestro sufrimiento. Si no lo hacemos, acabaremos sintiendo desesperanza, arrepentimiento y tristeza. Tenemos que descubrir el cambio positivo que el sufrimiento ha traído a nuestra vida. Usémoslo para ser mejores personas.

En resumen, no tenemos que esperar una disculpa para perdonar a alguien por un incidente o una situación en la que nos arrepentimos de haber participado. Cuando anhelemos el perdón de otra persona, tenemos que pensar que no somos responsables de las acciones o palabras de los demás, así que no podemos exigirles que nos den una disculpa, porque puede que no se arrepientan de su elección o que no se arrepientan de la manera que nos gustaría. No podemos obtener de alguien algo que no es capaz de dar. Si alguien ha matado a nuestro hijo en un accidente de tráfico, puede que nunca recibamos una disculpa si esa persona no tiene la conciencia necesaria para dárnosla. Si deseamos que la relación hubiera sido diferente antes de terminarse el matrimonio, es posible que nuestra pareja nunca se arrepienta de las formas en que contribuyó a la ruptura y nos dé las disculpas que necesitamos escuchar. En esos momentos, basta con que nos disculpemos o aceptemos las disculpas, tanto en nuestro corazón como en nuestra imaginación, de la persona y la situación que provocan el arrepentimiento. No es necesario que lo hagamos en persona. Puede ser útil escribir una carta de la otra persona a nosotros mismos que diga todo lo que necesitamos oír para sanar y seguir adelante. Una vez leí una cita que me impactó mucho: «Nunca supe lo fuerte que era hasta que tuve que perdonar a alguien que no lo sentía y aceptar una disculpa que nunca recibí». ¡Toma! ¿Qué tan cierto y fuerte es eso?

Cuando se trata de perdonarnos a nosotros mismos, el objetivo es sacudirse la culpa y la vergüenza interna que sentimos por nuestro comportamiento. Tenemos que reconocer que no somos perfectos y que, al fin y al cabo, sólo somos humanos; además, si nos hemos saltado nuestras propias normas, despreciarnos no nos servirá de nada. Es importante que en ese momento nos cuidemos y experimentemos la autocompasión. Una disculpa sincera, sin exigencias ni expectativas, nos ayudará enormemente a sentir ese perdón en nuestro corazón y nuestra alma. Prueba hacerlo delante del espejo o cuando meditas.

Si nos arrepentimos de haber hecho daño a alguien, debemos empezar por admitir nuestra culpa y asumir la responsabilidad por el daño que causamos. Después, podemos aplicar las lecciones que hemos aprendido por el camino para evitar herir a otras personas del mismo modo en el futuro. Tal vez queramos disculparnos con la persona a la que herimos y tratar de mejorar su vida de alguna manera y sentirnos un poco mejor. Podemos escribirle una tarjeta o enviarle un mensaje de texto sincero. Pero que salga del corazón y que se note que nos importa. Encontremos la manera de decir y demostrar lo que sentimos. Está claro que no podemos cambiar lo que hemos dicho o hecho para hacer sentir mal a alguien, pero podemos encontrar una oportunidad para disculparnos o mejorar la situación.

Todos los días son una gran oportunidad para crecer espiritualmente o bien renunciar a convertirnos en una mejor versión de nosotros mismos. ¿Con cuál te quedas? Las pérdidas diarias van y vienen, pero depende de nosotros procesarlas y ser más felices. Aprovechemos las herramientas que nos brindan los Espíritus para ser las mejores personas posibles y surfear las olas diarias que se nos plantean en este lado del océano. Las pérdidas cotidianas no tienen por qué hundirnos cuando las utilizamos como oportunidades para hacernos más fuertes, más sabios y más capaces de repartir la compasión, la bondad y el amor hacia nosotros mismos y el mundo que nos rodea.

¡Buen duelo!

Piensa en algo que lamentes haber hecho, como una discusión con un ser querido o un comentario que desearías no haber hecho. A lo mejor no le has dado a alguien el reconocimiento que merece. Saca tiempo y envíale un mensaje sincero para preguntarle cómo está. Discúlpate si toca, o mándale un saludo sincero para interesarte por él o ella. En lugar de ignorar el incidente y hacer como si no hubiera ocurrido, di algo que los ayude, tanto a ti como a él o ella, a superar esta etapa de arrepentimiento. Y si ese gesto cae en saco rato, no importa: a ti te ayudará a sanar y a seguir adelante.

Agradecimientos

Me gustaría dar las gracias a todos los que han contribuido a hacer realidad este proyecto, desde amigos, familia y colegas en la Tierra hasta Dios y los Espíritus en el Cielo. ¡Se necesita un equipo presente en ambos planos para sacar adelante un libro como éste!

A Kristina Grish, mi fiel coautora y amiga. Gracias por todo tu trabajo, como siempre. Las dos sabemos lo que es sufrir pérdidas horribles. ¡Por un futuro lleno de cosas buenas!

A Judith Curr, Hilary Swanson y a todo el equipo de HarperOne, que han hecho posible que este libro vea la luz. Gracias por confiar en mi idea y en mi visión. También les agradezco que hayan creído en mí y en mi don a lo largo de este proyecto. ¡Por un nuevo éxito de ventas!

A Courtney Mullin y Victoria Woods. Durante mis peores años, fueron las personas más positivas y alentadoras del mundo; gracias por animarme siempre y recordarme que tenía que dar lo mejor de mí misma, por mí, por los Espíritus y por mis seres queridos. Gracias también por insistir para que dejara los miedos en un segundo plano por un bien mayor. No estaría donde estoy sin ustedes. Me han protegido a mí y también a mi don. Por si alguien no sabe cómo empecé en todo esto... ¡la culpa la tienen ellas!

A Magilla Entertainment y a TLC por no querer cambiarnos ni a mí ni a mi don, y por estar dispuestos a romper las normas de producción para que pueda compartir mis habilidades con tantos espectadores. Gracias también a mi equipo, que ha estado conmigo desde el primer día. Les estoy increíblemente agradecida.

A Rich Super y Mike Mills, de Mills Entertainment, por subirme a mí y a mis fabulosos zapatos a un escenario en directo para que todo el mundo pueda experimentar lo que significa comunicarse con los Espíritus de cerca y en persona. Y a Jeff Cohen, mi extraordinario abogado. ¡Tengo muchos problemas, pero mi abogado no es uno de ellos!

A todos mis amigos, especialmente a Kevin Fuchs, Darrin O'Neil y Jimmy Oliver, que me conocen desde que tenía catorce años. Gracias por protegerme y recordar a los desconocidos que soy una persona de carne y hueso. ¡Ustedes saben la verdad!

Gracias a todos los miembros de mi familia por apoyarme a lo largo de estos años. ¡Siento que tanta gente los persiga para conseguir que yo les haga una lectura! Gracias especialmente a mis padres, que nunca han dejado de quererme y apoyarme en todo lo que hago. No sería quien soy ni estaría donde estoy sin ustedes. Y a mis seres queridos que ya están en el Cielo, por guiarme, amarme y protegerme mientras reparto esa paz tan necesaria entre quienes más la necesitan.

A mi hermano Michael, por convertirse en mi nueva «media

naranja». Has estado a mi lado para todo, especialmente cuando más te he necesitado estos últimos años. Tengo tanta suerte de tenerte.

A Larry y Victoria, por sus palabras de aliento y su comprensión mientras nos adaptamos a nuestra nueva dinámica familiar. Me encanta el equipo que hemos formado y que siempre estén a mi lado. Sé que juntos podemos superar lo que se nos ponga por delante, y siempre los apoyaré en sus decisiones vitales, igual que ustedes apoyan las mías.

Por último, pero no por ello menos importante, estoy profundamente agradecida a Dios y a los Espíritus por regalarme este don y ayudarme a canalizarlo de forma creativa para ayudar a tantas personas en su sanación. A los fans y clientes que me inspiran y conmueven cada día con su optimismo, su fuerza y sus historias sobrecogedoras: no es fácil atravesar lo que la vida les pone delante, pero consiguen salir adelante con gracia y elegancia. Les estoy muy agradecida.